U0314466

我就是这样会说话

付俊杰 著

斯塔熊 绘

化学工业出版社

·北京·

图书在版编目（CIP）数据

我就是这样会说话 ／ 付俊杰著 ； 斯塔熊绘.

北京 ： 化学工业出版社，2025. 1. -- ISBN 978-7-122
-46786-7

I. H0-49

中国国家版本馆CIP数据核字第2024DU1181号

责任编辑：龙　婧　　　　　　　　　装帧设计：史利平
责任校对：赵懿桐

出版发行：化学工业出版社（北京市东城区青年湖南街13号　邮政编码100011）
印　　装：北京瑞禾彩色印刷有限公司
787mm×1092mm　1/16　印张9　字数132千字　2025年3月北京第1版第1次印刷

购书咨询：010-64518888　　　　　　售后服务：010-64518899
网　　址：http://www.cip.com.cn
凡购买本书，如有缺损质量问题，本社销售中心负责调换。

定　　价：78.00元

写给小读者的话

亲爱的小读者，在生活和学习中，你有没有遇到过下面的情况：

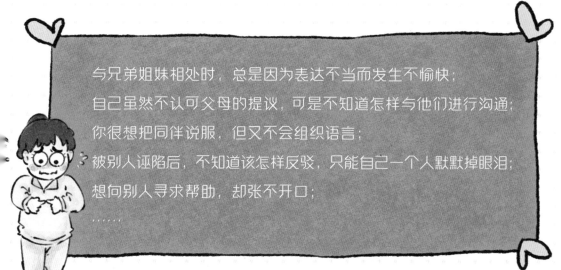

与兄弟姐妹相处时，总是因为表达不当而发生不愉快；

自己虽然不认可父母的提议，可是不知道怎样与他们进行沟通；

你很想把同伴说服，但又不会组织语言；

被别人诬陷后，不知道该怎样反驳，只能自己一个人默默掉眼泪；

想向别人寻求帮助，却张不开口；

……

其实，我们只要掌握一些语言表达的技巧，这些问题全都可以得到解决哦！

摆在你面前的这本书，共有三大部分——打败表达路上的"拦路虎"、练就表达基本功、超有用的表达技巧。从心理准备到基本功训练，再到表达技巧，逐步深入。在阅读时，我们的表达能力就像上台阶一样节节提升。

这本书聚焦现实生活中小读者们沟通交流的真实需求，每个小节一个主题，以明确的主题展开相关内容，详细讲解提高表达能力的方法策略，帮助小学生在遇到表达难题时，能够快速找到解决方案，摆脱不知道说什么、怎么说的窘境。

愿我们能坚持不懈，练就强大的表达能力，成为有格局、高情商、会表达、积极而又乐观的人！

目录

我们先来树立自信，纠正不良的表达习惯！

第一章 打败表达路上的"拦路虎"

1. 摆脱表达恐惧   2

2. 消除自卑心   4

3. 赶走紧张情绪   6

4. 改掉插嘴的坏习惯   8

第二章 练就表达基本功

基本功是表达的基础，我们一起练起来吧！

5. 练习口才需要持之以恒   12

6. 从朗读开始吧！   14

7. 一起来说绕口令   16

8. 看图说话   18

9. 变身"传声筒"   20

10. 大胆讲故事   22

11. 玩一玩角色扮演   24

12. 小小辩论家   26

13. 巧妙运用身体语言　　28

14. 说话有条理　　30

15. 表达清晰无歧义　　32

16. 妙用打比方　　34

这些不同场景中的表达小窍门一学就会，表达高手非你莫属哦！

第三章　超有用的表达技巧

日常生活

17. 和兄弟姐妹相处　　38

18. 不同意父母的提议　　40

19. 劝说吵架的家人　　42

20. 想要自己支配压岁钱　　44

21. 说服家人立刻给自己购买物品　　46

22. 与长辈交流　　48

23. 婉转地表达不同观点　　50

24. 正确说"不"　　52

25. 向对方表达感谢　　54

26. 祝福语这样说　　56

27. 为自己"辩护"　　58

28. 电话应该这样打　　60

29. 与客人交谈　　62

校园社交

30. 做个自我介绍吧　　　　　66

31. 参与竞选　　　　　68

32. 发表国旗下的讲话　　　　70

33. 被同学诬陷　　　　　72

34. 遭到同学取笑　　　　74

35. 被同学孤立　　　　　76

36. 向同学借物品　　　　78

37. 面对他人挑衅　　　　80

38. 面对别人的指责　　　　82

39. 和同学讨论问题　　　　84

40. 和同学发生冲突　　　　86

41. 和同学分享喜悦　　　　88

42. 邀请同学到家里做客　　　90

43. 安慰别人有技巧　　　　92

44. 学会赞美　　　　　94

45. 组织班级活动　　　　96

46. 向老师请教问题　　　　98

47. 向老师请假　　　　　100

公共场合

48. 不要小看"打招呼"   104

49. 开场白这样说   106

50. 不小心冒犯到别人   108

51. 向陌生人寻求帮助   110

52. 一个人去购物   112

53. 报警时描述突发状况   114

54. 向医生表达病情   116

55. 在游乐场被欺负   118

56. 发现自己的东西被人占用   120

57. 当别人影响到自己   122

58. 当别人存在意见分歧   124

59. 文明"追星"   126

60. 拒绝推销   128

61. 旅游时被强制消费   130

62. 尊重民族风俗   132

63. 做一名志愿者   134

第一章

打败
表达路上的
"拦路虎"

表达时的心理障碍与不良的表达习惯，会阻碍人际关系的建立与维护，影响我们在学习和社交中的表现与成长。因此，努力克服它们，是我们提高表达力的第一步。

摆脱表达恐惧

　　心理课上，老师让同学们分小组进行讨论，小组内的同学们纷纷畅所欲言，大家你一言我一语，讨论得热火朝天。

　　看着大家流利自如地表达自己的观点，娜娜非常羡慕。她也想加入大家的讨论中，但是又不敢开口。她默默地想："万一我说得不好，大家会不会嘲笑我呢？"

表达难题

侃侃而谈

吞吞吐吐

　　娜娜在家里说话时非常流畅，可是在面对好多人时，她就会害羞，甚至有些害怕，而且越是压抑心中的胆怯，就越难以开口。这样一来，就变成了恶性循环。

　　娜娜应该怎么做呢？

　　其实我们每个人或多或少都会害羞，这是正常的心理状态。可是，当害羞过了头，变成了恐惧，就会影响我们与其他人的正常交流，还会失去在人前表达的机会。

表达时感到恐惧是一种极为普遍的情况，它不是我们语言方面的缺陷，完全可以通过练习将其克服。

🔊 说出自己的"恐惧"

我们可以大胆地说出自己的感受，比如，"在这种情况下，我总是害怕得无法顺利说话""现在我觉得有点害怕……"等。

当坦诚说出自己的感受后，大多数情况下，我们非但不会受到嘲笑，反而可能引起对方的共情和谅解，在这种友好的气氛下，我们的心情得到了舒缓，胆怯带来的紧张不安便会随之慢慢消除。

学会积极地自我暗示

用积极的自我暗示对自己进行肯定，能够帮助我们赶走心中的恐惧。比如，我们可以想一想："没什么可怕的，他们是和我一样的""每个人遇到这种情况都会感到害怕""说错了也没关系的"……这样我们的情绪就能稳定下来。

🔊 构建提纲

在开口说话之前，我们可以在心里构建一个提纲，明确自己想要表达的主题，将语言梳理流畅。

说实话，我心里有点害怕……

我可能说得不好，大家不要笑啊！

我来发表一下我的观点，我认为……理由是……

消除自卑心

班里正在举行猜字谜活动，老师说道："一人一张口，口下长只手。同学们猜一猜这是什么字呢？"同学们争先恐后地举手回答。波波想了想，小声地说道："这是'拿'字。"佳佳对波波说："既然你知道答案，怎么不举手回答呢？"波波轻声叹了口气说："唉，同学们都太优秀了，我不如他们。而且上次猜字谜我猜错了，就不敢再主动回答了，怕再猜错……"

表达难题

波波也想参与抢答，但是看到同学们都表现得很积极，觉得自己不如别人，不敢开口表达。再加上他经历过挫折和失败，在心里留下了阴影，只要一准备开口，就会产生"我不行"的想法。

当自卑这个小怪兽出现时，我们往往会低估自己的能力，觉得自己各方面都不如别人，不愿主动发言，慢慢地失去了"发言权"。当我们持续"沉默"时，语言表达能力就会慢慢退化，令自卑心理加剧。我们要将它尽快消灭在摇篮中，自信地表达出自己的观点。

📢 创造锻炼的机会

多开口与人交流，增强自己的自信心，可以帮助我们克服自卑的心理。例如，主动向老师请教问题、遇到熟人主动打招呼、去饭店吃饭时与服务员交流等。

揪出自卑的原因

我们先要搞清楚是什么导致了我们自卑。接着分析，如果做了这件事，会造成什么可怕的后果。最后得出结论：如果不会造成可怕的后果，那就不必自卑。例如在猜字谜这件事上，波波就算回答错误，也不会造成任何后果。当他明白了这一点，就意味着他离开口表达又近了一步。

老师，请问您有时间吗？我有一道题不太明白。

小杨，你穿新鞋子了？真好看。

服务员，你好，能帮我拿两个杯子吗？

📢 尝试寻求支持

一些支持和鼓励可以帮助我们踏出第一步。和父母或朋友聊一聊自己遇到的情况，请他们给自己一些建议和鼓励，这也是帮助我们走出自卑困境的好办法。

赶走紧张情绪

升入三年级后，由于丽丽平时表现很好，和同学们交流也很密切，被大家推选为班长。老师请丽丽上台说说当选感言，没想到，丽丽走上讲台后，脸涨得通红，说起话来结结巴巴的……丽丽平时和大家交流起来都没问题，为什么上台发言却是这样的表现呢？

平日里说话很流畅，也能够很好地组织语言表达自己，但是一到众人面前，就容易产生紧张焦虑的情绪，说话结结巴巴，不但听的人着急，自己也很着急，有时还会因此陷入恶性循环，导致说话结巴的情况更加严重。

在表达时，由于自身的性格比较敏感，过分关注自己在他人眼中的形象、在意他人对自己的评价，以及对未知事物缺乏掌控感，就会出现紧张的情绪。

表达高手这样说

过度的紧张可能会影响我们的表达和生活质量,以下方法可以帮助我们赶走紧张情绪。

🔊 **专注于自己的表达内容**

将注意力集中在我们的信息上,不要过于看重听众的反应,这样,我们可以表达得更加准确,从而更加自信,减少紧张。

不断反思并改进

当自己表达完后,反思一下自己的表达情况,也可以与父母或者同学交流,请他们指出自己的不足,并在下次表达时进行调整。这时,我们可以鼓励自己说:"这次又有进步,特别是在语调上,比之前更富有感情。不过下一次再说慢一点会更好。"

非常感谢大家对我的信任!

我当选班长以后,一定会严格要求自己……

希望在以后的学习中,我们一起进步!

🔊 **放慢语速**

紧张时,我们往往会在不知不觉中加快语速。尝试放慢语速,这不仅可以让我们更清晰地思考和组织语言,还可以让听众更容易地理解我们所要传达的信息。

🔊 **放松身体**

在说话以前,可以尝试一些放松身体的技巧,如伸展运动或深呼吸。这有助于缓解身体的紧张感,使我们更容易集中注意力。

改掉插嘴的坏习惯

　　吃过晚饭后，鑫鑫和妈妈在小区里散步，正巧遇到了邻居李阿姨。妈妈和李阿姨开心地聊了起来。听到她们聊起自己感兴趣的事，鑫鑫也想发表自己的观点，于是他总是在一旁插嘴。

　　妈妈用眼神示意鑫鑫不要这样做，可是鑫鑫完全没有在意，依然自顾自地说着……

表达难题

　　鑫鑫希望能通过自己的表现得到大人的赞扬与鼓励，但是他不但没有达到目的，反而令别人感到厌烦。这其实并不难理解，换位思考一下，如果我们在说话时，总是被别人打断，会是什么感受呢？

　　鑫鑫思维比较活跃，而且开朗活泼、表现力强，愿意在陌生人面前运用自己学到的知识和经历来组织语言，表现自己，这是值得肯定的。但是，随意打断别人的谈话，是一种很不礼貌的行为。不随便插嘴是基本的沟通素质。

转移注意力

当我们在倾听对方谈话，脑海中突然冒出一个新奇的想法，从而很想打断对方时，可以做点其他事来转移注意力。例如把自己的想法用笔记下来，然后在适当的时机与他人分享。

🔊 **在对方说完之后，再说出自己的观点**

学会倾听，是提高自己沟通能力的"法宝"。我们只有先听明白对方的意思，才能提高沟通效率。当对方说完后，我们可以询问对方："我可以发表一下我的看法吗？"在尊重他人的同时，学会适时、适度地表达自己的观点。

你们说得都很有道理。

我也有一点自己的看法……

我觉得，我们不应该忽视一个问题……

🔊 **采用不同的开场白**

如果是对方一个人在表达观点，我们感觉对方说得不够全面，有需要补充的地方，可以很自然地说："你说得对，换一个角度来看，也很有意思……"

如果是大家在一起讨论，我们就可以说："刚才大家说得很好，但是有一个部分，我觉得可以再完善一下，我想跟大家分享一下我的观点……"

第二章

练就
表达基本功

良好的语言表达不仅要用词准确、语法规范，还需要能够灵活运用各种修辞手法和表达方式，使语言更加生动、形象、有力。肢体语言、面部表情、声音语调等，在表达中也起着至关重要的作用。

5

练习口才需要持之以恒

　　小池的理想是做一名出色的主持人。为此，他在网上找到了很多练习口才的课程，打算每天晚上利用业余时间进行学习。

　　第一周，小池做完作业后，会跟随课程练习半个小时。可是到了第二周，小池觉得自己做完作业已经很累了，心想："明天再学吧，反正不着急。"就这样，一个学期下来，他还没有学完一半的课程，而他的口才也没有得到任何提高。

表达难题

　　小池想成为一名主持人，并主动找到练习口才的课程，这是做事有计划的体现。不过，他由于疲惫，就把练习口才的计划抛到一边。这说明他做事情不能持之以恒，这是迫切需要克服的难题。

　　在人生的各个阶段，良好的口才都是一项宝贵的技能。一个能够有条理地表达自己观点的人，往往能够在人群中脱颖而出。然而，口才并非一蹴而就的能力，它需要持之以恒的练习和实践。

在练习口才的过程中，在下面这些方面都要持之以恒。

持之以恒地积累知识

一个口才好的人，通常也是一个知识渊博、见多识广的人。这需要我们在日常生活中不断学习，积累各个领域的知识。

设想一下成功后的喜悦，以此来激励自己。

保持积极的心态。

培养良好的习惯，克服拖延和懒惰的缺点。

"小步快跑"

很多人做事急于求成，常常将每天的任务设置得过于繁重，却忽视了自身实际能力的限制，最终导致半途而废。比起一味地追求宏大的目标来说，"小步快跑"的策略，即每天只完成一个很容易做到的小目标，可能更容易让我们达成最终目标。

持之以恒地练习表达

理论知识只是我们必须具备的基础，想要练就好的口才，还需要通过实践来磨炼。

我们可以从日常生活中的小事做起，比如在家庭聚会时，或者和同学讨论问题时，尽可能多地发表自己的观点，或者用不同的说法来表述同一件事情，以此来提升自己的表达能力。

从朗读开始吧！

这天语文课上，老师正在抽查同学们朗读课文。

这时，小田却偷偷低下了头，希望老师不要抽到自己。原来，小田说话时嗓音很细，他很怕被人嘲笑，所以一向抵触开口说话。

"小田，你来朗读最后一个自然段。"真是怕什么来什么。小田听到老师的话，只好慢吞吞地站了起来……

表达难题

由于小田的嗓音细，导致他在大家面前开口有些自卑。如果小田想要提高自己的表达能力，他应该怎么做呢？

事实上，嗓音的细或粗并不是决定一个人口才优秀与否的关键因素。口才的核心在于表达语言的流畅性、思维的逻辑性以及与听众的互动能力，而非嗓音的音质。

借助朗读来提高口才能力，是一种非常有效的方法。

🔊 选择合适的朗读材料

选择经典的文章、演讲稿、诗词等，这些材料通常语言优美、逻辑性强，有助于我们学习良好的表达方式和语言结构。

反思和总结

在朗读时，我们可以用手机或录音笔录下自己的声音，等朗读完成后，再回放收听。这样可以帮助我们发现自己的不足之处，例如发音问题、语调问题、停顿问题等。接着，我们可以针对自己的不足之处进行总结和反思，找到改进的方法。

当需要传达强烈的情绪时，高音的明亮和激昂能够迅速抓住听众的注意力。

低音的柔和与深沉，则能够营造出一种安静、平和的氛围，让人沉浸在深深的回忆或思考中。

🔊 正确的朗读方式

朗读时声音要尽量洪亮，这可以帮助我们更好地感受语言的韵律和节奏，也有助于我们克服紧张和害怕的心理。

当情节紧张、急剧变化，需要展现热切、焦急、惊讶等强烈情绪时，或者想要刻画人物的年轻活力、豪放不羁的性格特点时，以及表达鄙视、斥责等强烈的感情时，我们可以快速朗读。

发音要准确清晰，语调要自然流畅。另外，在朗读过程中，我们还要注意适当地停顿和变化节奏。这有助于我们更好地表达自己的思想，并吸引听众的注意力。

当场景比较平静、庄重，需要回忆往事，或者表现苦闷、悲愤、宁静等深沉、内敛的情绪时，我们应该慢速朗读。

一起来说绕口令

一天下午，妈妈正在看书，突然发现了一段有趣的绕口令，便让小娟来试着读一读。

小娟把绕口令读了很多遍，可始终不能流畅地说出来，绕口令的复杂性和快速性总是让她感到舌头像打结了一样，让她非常苦恼。

小娟应该怎样练习绕口令呢？

表达难题

绕口令包含一系列发音相似但又不完全相同的词语或音节，在发音时需要有精确的控制力，稍有不慎就会导致发音错误或混淆。

那么练习绕口令有什么巧妙的方法吗？

由于绕口令的困难性，我们在尝试说绕口令时会感到有心理压力。这种压力可能导致我们出现紧张、焦虑等负面情绪，进一步影响发挥。如果我们把绕口令当成一首特别的诗歌，就可以有效地减轻这种压力。

慢读有奇效

在我们刚开始练习绕口令时，一定不要心急。首先应该慢慢地把这段绕口令朗读准确。在慢读的过程中，仔细体会节奏的变化，找准字音。如果绕口令较长，可以将其划分为若干个音节，在每个音节之间稍作停顿，以便更好地掌握节奏。

练习绕口令是提高口语表达能力和发音技巧的有效方法。

🔊 选择绕口令

我们可以从简单的绕口令开始，如"四是四，十是十，十四是十四，四十是四十"等。随着练习的深入，再逐渐增加难度。

练习"唇"功：通过朗读包含"b""p""m""f"等声母的字词，可以有效增强双唇的灵活性和协调性。

练习"舌"功：通过朗读包含"d""t""n""l""zh""ch""sh"等声母与"a""e""ou""an""en"等韵母相拼的字，可以有效帮助舌头变得更加灵活和富有弹性。

练习"喉"功：通过朗读包含"g""k""h"等声母与"a""ang""eng""ong"等韵母相拼的字，能够更好地调节从喉咙处发出的气流，从而在说话时更准确地找到重音和轻音的位置，使表达更加清晰有力。

🔊 慢速、多次重复练习

刚开始练习时，不要急于求成，要放慢语速，清晰、准确地读出每一个字。

可以通过计时练习的方式，逐渐增加语速，但不要急于追求速度而忽视发音的准确性。

最后，通过反复练习，直到熟练掌握这段绕口令。之后，再去练习另外一段。

练习"齿"功：通过朗读带"z""c""s"与韵母相拼的字，或"j""q""x""y"与"i""in""ing"等韵母相拼的字，可以帮助我们掌握平翘舌音的发音技巧。

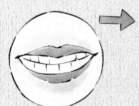

看图说话

语文课上，老师向大家展示了一幅画，画上是一名小学生在洗衣服。

"请大家仔细观察这幅画，然后讲出一个小故事。"老师说。

宣宣看了半天，等到老师点到他名字时，他便脱口而出道："这是一个小男孩在洗衣服，他用了一个大脸盆，里面只有半盆水，这说明洗衣服时不用加太多的水。"听到这里，大家都笑了。

宣宣感到非常尴尬……

表达难题

虽然宣宣对图上的内容看得很仔细，但是当他说出这个故事时，大家却觉得他说得不对。

宣宣应该怎样做，才能提高看图说话的能力呢？

看图说话要求我们仔细观察图片，并根据图片内容展开合理的想象。有的同学缺乏想象力，无法将图中的静态场景转化为生动的动态画面，所以就无法为图片中的人物和事物赋予丰富的情感和故事。

睡前的任意想象

每天晚上，当我们躺在床上时，可以放松身心，闭上眼睛，想象自己的身体变得很轻盈，飞到了天空中，像鸟儿一样翱翔。想象一下，我们会看到大树、湖泊、楼房，还会看到一些人……最后，我们就会在这样有趣的想象中进入梦乡。

看图说话并不难，只要进行针对训练，就可以让它变成一件有趣的事。

🔊 提高观察力

如果只看到图中的一部分内容，而忽略了其他细节，如人物的表情、动作和环境的布局等，就无法完整、准确地描述图片内容。

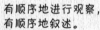
有顺序地进行观察，有顺序地叙述。

观察人物图时，注意人物的表情、神态、动作。

🔊 提高想象力

看图说话不仅要求我们仔细观察图片，还需要根据图片的内容，展开合理的想象。

我们可以通过提问、讨论等方式，对图片展开丰富的想象。比如，图上的人是谁？他所在的地方是哪里？他在做什么？他这样做的目的是什么？他在想什么？这个帮助他的人是谁……

描述不要冗长。

9 变身"传声筒"

晚上，妈妈正在厨房忙着做饭。这时，妈妈的手机铃声响起来。

"兰兰，去接一下电话。"妈妈大声喊道。

兰兰接了电话，原来是爷爷打来的，他说自己种的玉米成熟了，又大又甜，明天要给兰兰带一些过来。挂了电话，兰兰就跑去告诉妈妈："爷爷说他种了很多玉米，全都是又大又甜的。"

"爷爷只说了这些吗？"听完兰兰的话，妈妈有些疑惑……

表达难题

帮家长接电话，很多同学都遇到过这样的情况。兰兰在挂断电话后，立刻向妈妈复述了爷爷的话，只不过她却遗漏了最关键的一点。

兰兰应该怎么说呢？

想要完整复述别人的话，需要记忆大量的信息。但是，我们的记忆能力是有限的，所以一定要先找到并理解这些话语中的重点内容，这样才能避免产生偏差。

列提纲复述

如果对方说的话篇幅较长，内容也非常复杂，我们可以把主要内容列成提纲或写成小标题，再按照提纲或小标题进行复述。刚开始可以只复述主干内容，等主干内容完全复述后，再去复述细节。

表达高手这样说

复述别人的话可以提高我们的口语表达能力，但需要掌握正确的方法。

🔊 记忆的准确性

当我们听别人说话时，一定要全神贯注地倾听。在对方说完后，还可以用自己的话概括一遍，以确认自己的理解是否准确。

图书、杂志、报纸等书面材料中有很多小故事、诗歌、散文等，抓住其中的关键语句，充分发挥想象力，用自己的语言叙述。

关键词

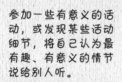

参加一些有意义的活动，或发现某些活动细节，将自己认为最有趣、有意义的情节说给别人听。

复述训练小妙招

观看完电影或电视节目后说说节目中的精彩情节。

🔊 表达的流畅性

复述别人的话，不仅仅是一个记忆和回忆的过程，还需要将记忆中的信息流畅地表达出来。只有这样，才能锻炼出良好的语言表达能力和逻辑思维能力。

当我们不断复述别人的话，从"磕磕巴巴"的程度变成"自然流利"的状态，我们的口才和思维就得到了质的飞跃。

大胆讲故事

　　这学期，语文老师总是会在上课的前几分钟，找一名同学来为大家讲一个故事，以提高表达能力。

　　小雪很喜欢听故事，但每次轮到她讲故事时，她都推三阻四，不敢开口。她担心自己的故事不够有趣，也担心自己讲得不好会被嘲笑。这种恐惧感像一座大山，压得她喘不过气来。

表达难题

　　语文老师让同学们讲故事，目的是提高大家的表达能力。但是小雪害怕自己讲得不好，所以总是不肯讲。

　　要想把故事讲好，讲精彩，是需要掌握一些技巧的，小雪应该怎么做呢？

　　讲故事可以培养我们的语言表达能力，让我们在与人交流时更加自如。同时，还可以培养我们的逻辑思维能力，让我们在思考问题时更加全面和深入。

有的人说起话来头头是道，但讲故事时却毫无吸引力，他们所缺乏的其实是讲故事的技巧。

讲清故事的脉络

故事都具有清晰的脉络，我们要把它讲清楚，如什么时间、什么人物、在什么地方、干了什么事、结果如何等。

教你一招！

故意制造悬念

讲故事时，我们可以故意制造一些悬念，以吸引听众的注意力，增加故事的吸引力和紧张感。比如在讲故事的过程中提出一个问题或谜题，让听众好奇并想要知道答案；在故事的结尾也可以留下问题，让听众去思考和讨论。

快速进入主题或开场时留一个悬念。

不要使用模糊的概念，比如"可能""好像"。

给故事增加点曲折性。

用生动的语言描述细节

在讲故事时，我们还要学会使用生动的语言来描述细节，力求将听众带入一个真实而引人入胜的世界。比如在讲述神秘的月夜时，我们就可以说"夜幕低垂，月光透过稀疏的云层洒在地面，它带着一种神秘而迷人的魅力，吸引着人们去探索那些隐藏在夜色中的秘密"，这样的语言往往能扣人心弦。

玩一玩角色扮演

森森对"演戏"情有独钟！一天放学后，他兴致勃勃地与好友昌昌合作，共同演绎了经典故事《负荆请罪》。

森森选择了廉颇的角色，他手捧一根小木棍，神情严肃地跪在昌昌面前。可是，昌昌却难以迅速进入角色，面对森森如此认真的表演，他竟然笑得直不起腰，没办法演下去……

为了锻炼口才，昌昌和森森分别扮演各自的角色。可是昌昌根本进入不了剧情。

他应该怎么做，才能成功参与角色扮演呢？

角色扮演需要参与者具备快速思考和灵活应对的能力，对于希望提升表达力的人来说，是值得一试的。另外，角色扮演的经历还可以帮助我们从各个角度看待问题，练习我们的社会交往技能，提升我们的认知能力。

表达高手这样说

角色扮演是一种有趣又有效的提高语言能力的方法，但在使用时，也要注意以下事项。

选择适合的角色扮演材料

选择一篇有情节、有人物的小说、戏剧或电影作为材料，确保内容丰富，角色性格鲜明，这样才有助于我们理解和扮演。

重视声音的表现

声音是角色扮演中的重要元素。我们在扮演某个角色时，要将自己融入其中，通过改变音调、音量、语速等方式，对角色的情感进行表达。但也要注意控制情绪，避免表演过于激动或沉沦，从而影响表演的稳定性。

教你一招！

➡ 可以一人分饰多角。

分析各角色的语言特点及性格。

角色分配与扮演

我们可以和同学、朋友或家人一起参与角色扮演，分别挑选适合自己的角色。

在开始表演时，我们要尽可能真实地扮演自己的角色，包括模仿角色的语言、表情、动作等。

每次表演完毕，我们还可以互相指出优点和不足，以便在下次角色扮演中改进。

小小辩论家

语文课上，老师请大家针对学生使用手机的现象展开辩论：使用手机是有利于学习还是不利于学习？

很多同学都说，学生不应该使用手机，这会导致成绩下滑。

小琪却有不一样的观点，她认为使用手机也是可以促进学习的，但是她却不知道应该怎样表达。

表达难题

小琪很想告诉同学们："我们可以让手机成为学习的小助手。"不过，她不知道应该怎样说，才能得到同学们的认可。如果说出自己的观点，被别人反驳怎么办呢？

参与辩论活动，我们需要倾听对方的观点并尊重对方的立场，然后针对对方的观点进行反驳，清晰地阐述自己的观点和论据，这可以锻炼我们的思维敏捷性和应对能力。

避免人身攻击

辩论的本质是针对某一观点或问题进行理性的讨论和交换意见。如果我们对对方进行人身攻击，就会破坏这种互相尊重的氛围，使得辩论不再讲究以理服人，而是变成了情绪的宣泄，这会使辩论失去其应有的价值和意义。

表达高手这样说

想要提高自己的辩论水平，可以学习以下方法。

📢 积累知识与信息

广泛涉猎各类书籍，不断丰富自己的知识储备，这样在辩论时我们才能找出更多的论据来支撑自己的观点。

我方的观点恰恰相反……

对方在论述过程中存在明显的逻辑矛盾，比如……

我方再次强调……是我们观点的核心……

📢 参与实际辩论

我们要积极参加学校或班级的辩论活动。在日常生活中，我们也可以经常与家人、朋友展开辩论，锻炼自己的口才和应变能力。

在辩论后，我们还要虚心接受他人的评价和建议，针对自己的不足之处，调整辩论策略和方法，从而不断提高辩论能力。

📢 运用辩论话术

在辩论中，使用恰当的话术可以有效地传达我们的观点、引导讨论并增强说服力。

巧妙运用身体语言

在学校的讨论课上,老师提出了一个关于环保的话题,让同学们自由讨论。过了一会儿,老师请小路说说自己的看法。

小路站起来,说明了保护整个地球的必要性,还提到植树造林是保护环境的一种重要方式,可以让空气变得更清新。

"如果加上身体语言,你的发言将会更加生动。"老师鼓励道。

"啊?"小路顿时愣住了,因为他完全不知道怎么运用身体语言。

表达难题

小路的发言非常好,但是老师鼓励他在发言的同时加上身体语言,令他感到不解。发言不是用口说就可以吗?这和身体有什么关系呢?

身体语言,也被称为非言语沟通或体态语,在人际交往中扮演着至关重要的角色。当我们说话时,如果能巧妙运用身体语言,就会增强沟通的吸引力和影响力。

运用身体语言需要自然、真诚、适时适度，并注意与语言的协调性。

面部表情与眼神交流

说话时，我们要展示出与内容相配合的面部表情，避免呆滞。同时，还应该缓和地将眼神平均扫视全场，以示对每一位听众的关注。

常用手势

向上伸大拇指：一般表示"好""行""不错"，有赞赏、夸奖的意思。

OK手势：一般表示没问题、准备妥当或我很好。

手掌向下：表示"请坐"或"安静"。

紧握拳头：一般表示决心，有"加油"的意思。

我们要保护的是整个地球……

植树造林是不可忽视的一种方式……

这样，我们周围的空气都会变得无比清新……

运用手势

在说话时，我们还可以通过手势指向特定的方向或画出轮廓，帮助听众形象化地理解。

手势的力度、频率应体现我们说话的韵律感和情绪变化，不要过于夸张或频繁，这样才能取得更好的效果。比如，讲到激动人心的事情时，手势可以较大；谈到沉重的话题时，则应减少手势，让听众更好地专注于我们说话的内容。

说话有条理

"冉冉，你这个周末打算干什么啊？"同学晓晓问冉冉。

"嗯，那个，我想先去看电影……对了，游乐园也很好玩。啊，我还忘了说，妈妈说如果我完成家务的话，她可能会给我额外的零花钱，那样我就可以去买更多的零食了……"冉冉兴致勃勃地说道。

听完冉冉的话，晓晓感到一头雾水。

冉冉在告诉晓晓自己的周末计划时，一会儿提到看电影，一会儿又说到游乐园，还提到了做家务和零花钱、零食。她的思绪跳跃得太快，没有明确的计划或逻辑顺序，晓晓很难理解她到底想要表达什么。

如果我们说话没有条理，很难让对方理解我们的意思和观点，导致沟通变得困难。有时候，这样的说话方式甚至会让对方误解，使原本简单的交流变得复杂。

想要改变思维混乱和说话没有条理的情况，可以尝试以下方法。

🔊 注意内容的次序

我们要说的内容，在时间、地点、方位、因果关系等方面，可能具有一定的次序性。我们只要按照一定的次序来表达即可。

教你一招!

学会运用数字

在和别人说话时，我们可以运用数字1、2、3……或第一、第二、第三……来表达，这样会让我们说话的内容更加具有条理性，也可以帮助对方跟随我们的思路去逐条分析，从而更好地把握我们想要传达的核心信息。

然后，我想去书店买书……

首先，我要做一些家务……

最后，我可能会去看电影或者去游乐园……

🔊 学会分类表达

如果我们要讲述的事情很多，就可以按照其性质进行分类，并按类别进行表述。

比如，我们去了某个城市旅游，回来向同学们介绍这个城市的特色时，运用分类表达法就会显得很有条理：这个城市的位置在……这里的美食有……主要景点有……特别的建筑是……

表达清晰无歧义

　　吃晚饭时，小德对妈妈说："今天，我的好朋友俊俊的爸爸做了一场长达5个小时的手术。"

　　妈妈大吃一惊，连忙问："他生了什么病？这么严重！俊俊一定很难过吧？你得安慰安慰他。"

　　"您误会了，俊俊的爸爸是医生，不是病人。"小德连忙解释道。

表达难题

　　小德和妈妈说话时，没有注意到自己的话中带有歧义，这才让妈妈产生了误解。

　　想要提高自己的表达力，避免产生歧义，小德应该怎么说呢？

　　在和别人说话时，我们要尽量使用清晰、明确、简洁的语言表达，避免使用含糊不清的词汇和句子，否则就会大大降低沟通的效率，甚至导致沟通双方产生不必要的误会。

表达高手这样说

要想说话不产生歧义，可以试试下面的办法。

🔊 提供必要的上下文信息

在说话之前，先思考清楚我们想要表达的意思。如果我们的话有特定的背景或条件，一定要在表述开始时提供这些信息。

尽量多使用肯定句

在日常对话中，我们应该尽量多使用简单有效的肯定句，以免对方产生混淆和误解。不过，在某些特定情况下，使用否定句、疑问句或双重否定句也是有必要的，这需要我们根据具体的交流情境和交流对象来选择合适的表达方式。

我的好朋友俊俊的爸爸是医生。

今天他为一名病人做了一台大手术。

从早上9点到下午2点，这台手术整整做了5个小时。

🔊 不要使用含糊不清的词汇

说话时尽量用简单、直接的语言来表达自己的意思，不要使用模棱两可或本身就有很多种意思的词汇，它们往往容易引发误解。

比如，说一栋大楼的高度时，用"大约30米高"就比"很高"更加准确；说自行车"没有锁"，会让人弄不清是"自行车没有锁上"还是"自行车没有安装锁"。

妙用打比方

最近，沫沫在学习编程，而且有了不少收获。班会课上，老师让沫沫为大家介绍一下什么是编程。

"编程就是编写程序，目的是让电脑根据我们的指令去执行特定的任务或解决问题。"沫沫解释道。

听完沫沫的话，大家都一头雾水。老师忙说："你能打个比方吗？"

"这个……这个……"沫沫挠了挠头，不知该怎么说。

表达难题

沫沫在向同学们介绍什么是编程时，用了很专业的语言，这让没有接触过编程的同学不明所以。如果用打比方的方式来介绍，她应该怎么说呢？

在与人交流时，如果我们要说的内容非常深奥，就可以用打比方的方式表达，这样可以让语言更加生动、有趣，同时也可以让对方更容易理解。

在说话时打比方，要注意以下要点。

📢 选择生动的比喻对象

选择那些与主题密切相关，且贴近实际生活、具有显著特点的事物作为比喻对象，比如把班级比作一个大家庭。

考虑文化和语言差异

在打比方时，我们要充分考虑文化和语言差异的影响，以确保所传达的信息能够准确、恰当地被理解和接受。比如，在某些文化中，龙是吉祥和力量的象征，而在其他文化中，龙可能被视为邪恶和破坏的代表，这是我们需要提前了解的。

比方说，我们想让一辆玩具车沿着什么路线前进，在哪里转弯，在哪里停下，我们就把这些命令写下来，这就是编程。

编好程序后，这辆玩具车就会按照我们的设定去做。

📢 注意逻辑的连贯性

一定要确保打比方的对象和自己要表达的东西之间，存在逻辑上的连贯性。

比如，可以把登山比作学习，是因为它们都需要持续努力，面对挑战和困难。相反，如果把打游戏比作学习，就非常不恰当，因为学习是为了获取知识和技能，而打游戏是为了娱乐或消遣。

总之，编程的人就像魔法师，编的程序就像是咒语，敲击键盘就像在挥动魔杖一样，非常让人着迷。

第三章

超有用的表达技巧

日常生活

我们与家人、朋友的交流往往比较自然、随意，在这种舒适的交流环境中，我们可以更加自信地表达自己的观点和感受，不必担心因表达不当而遭受严厉批评或嘲笑。但是，这并不代表我们可以无所顾忌地畅所欲言。

17 和兄弟姐妹相处

晚饭后，弟弟坐在沙发上兴致勃勃地玩魔方，可是他拧过来拧过去，总是拼不好，急得额头都冒出了汗珠。

看到弟弟为难的样子，壮壮走过去说道："你真笨啊！拼魔方很简单的，拿过来，我教你吧！"没想到，弟弟却紧紧攥着魔方，生气地说："我才不要你管！"见弟弟态度坚决，壮壮只好走开了……

表达难题

壮壮本想教给弟弟拼魔方的技巧，弟弟不但没有接受，反而还十分气愤。弟弟之所以会出现这种反应，无疑是壮壮的表达出现了问题。

我总是拼不好魔方，心里有些急躁，哥哥竟然还说我笨，我真的很生气！虽然他想教我，但我还是拒绝了。

当别人遇到困难时，如果我们想主动提供帮助，应该怎么说，才能让对方愉快地接受呢？

委婉地询问对方

虽然我们主动提供帮助是出于一种善意，但是也应该提前询问对方。如果对方想依靠自己的能力解决问题，我们就不应该强行介入。

小提示！

不要把话说太满

有时候，别人遇到的困难在我们看来很好解决，但是实际去做时却未必如此。所以，我们在提供帮助时不宜把话说得太满，比如"包在我身上"。否则万一没有解决问题，就会辜负对方的期望，可能还会降低对方对我们的好感。

你是不是遇到什么困难了？

如果你愿意，我可以把我的经验跟你分享一下。

不要用高高在上的语气

有时候，对方有接受帮助的意愿，但或许觉得一旦接受了帮助，就好像承认了自己的不足，因此显得非常犹豫。这时，我们不要用高高在上的语气说话，否则会让对方产生抵触情绪。

一定要注意，不要把自己当成长辈或老师，而是要以朋友的身份去诚恳地提供帮助，共同学习，共同进步。

不同意父母的提议

星期天晚上，爸爸和妈妈坐在沙发上，讨论着给萌萌报课外班的事。

爸爸说："萌萌的字总是写得歪七扭八的，我想给她报一个书法班。"

妈妈说："萌萌最近越来越胖了，我想给她报一个舞蹈班。"

听到这里，萌萌心里非常不开心。她知道爸爸妈妈说的都是事实，但是她对课外班一点兴趣都没有，她应该怎样去说服父母呢？

表达难题

爸爸认为萌萌的字写得不好，需要提高书写水平，因此想给她报书法班；妈妈认为萌萌越来越胖，需要加强锻炼，因此想给她报舞蹈班。可是萌萌却有自己的想法。

随着年龄的增长，我们慢慢发现爸爸妈妈的一些提议与自己的想法存在冲突。这时，我们应该勇敢地向他们表达自己的观点。只要我们的想法是有道理的，他们一定会认真考虑。

表达高手这样说

当我们的想法与对方的提议不一致时，我们应该怎么说，才能让对方心平气和地接受呢？

先肯定对方

先说出对方的提议中正确的内容，或者能带来的显而易见的好处，然后再说出自己的想法。

教你一招！

选择合适的时间和场合

想要说服爸爸妈妈，一定要选择他们心情好的时候，同时要注意场合。

当父母正在忙着做事，或者心情烦闷的时候，试图去说服他们可不是一个好时机。通常，一家人围在一起愉快地吃晚餐的时候，是一个再好不过的时间点。

爸爸，我知道我的字写得不好。

妈妈，我也知道我需要加强锻炼。

清楚说出自己的想法

想让对方放弃自己的提议，不能仅仅用"不同意""不行"等表达自己的观点，尤其是爸爸妈妈的安排，必须找到充分的理由才能说服他们。

这个时候，我们需要把自己的想法详细地说出来，让他们明白，我们可以按照自己的想法去尝试。如果不能成功，到时候再按对方的提议去做也不迟。

但是我不想去课外班学习，我想自己制订练字和锻炼的计划，请你们允许我先按照自己的计划去试试。好吗？

劝说吵架的家人

星期天早上，妈妈起床后忙着做家务。她先给家里的盆栽浇好水，然后又扫地、拖地，清洗马桶。这时，爸爸还躺在床上呼呼大睡。

过了一会儿，妈妈怒气冲冲地走进卧室，大声把爸爸喊醒，他们激烈地争吵了起来。

正在做作业的乐乐听到父母的争吵声，很想走过去劝说他们，可是却不知道该怎么说。

表达难题

激烈争吵

妈妈认为做家务不是她一个人的事，爸爸也有责任帮忙。

爸爸认为周末需要好好休息。而且做家务只是小事，睡醒后再一起做就可以。

乐乐应该怎样劝说他们呢？

父母有时会发生争吵，这是正常现象。作为子女，我们应该尽力保持冷静，认真倾听他们吵架的原因，了解他们的想法和感受，然后劝说他们消消气，不要继续争吵，避免事态升级。

为了维持家庭和谐，当家人吵架时，我们不能视而不见。我们要先冷静下来，试试下面的办法。

肯定各自的道理

吵架的双方都会觉得自己有道理，我们只要把他们的道理讲出来，他们觉得自己得到了理解，情绪就会慢慢平静下来。

求助于长辈

如果爸爸妈妈吵架比较激烈，甚至有互相推搡的行为，自己劝说又起不到作用时，可以尝试向长辈求助。比如，给爷爷、奶奶打电话，告诉他们事情的经过，让他们及时介入，以免事态发展得更为严重，产生不必要的后果。

我知道妈妈做家务非常辛苦。

我也知道爸爸上班辛苦了，想好好休息一下。

这样吧，爸爸不累的时候就帮妈妈做家务；爸爸累的时候，就由我帮妈妈做家务。家和万事兴！我们要做相亲相爱的一家人哦！

帮助双方化解矛盾

当双方停止吵架后，矛盾其实还没有得到解决，所以我们还应该帮助双方化解矛盾。

一定要注意，在化解矛盾时，要站在客观公正的立场上，不能偏帮一方去指责另一方，以免将自己也拉入矛盾的旋涡中。

想要自己支配压岁钱

大年初一，舅舅来家里做客，还给小凯发了压岁钱。小凯把压岁钱放到自己的存钱罐里，高兴得合不拢嘴。他美滋滋地想：我终于可以去买梦寐以求的课外书啦！

下午，舅舅离开后，妈妈就对小凯说："小凯，快把舅舅给你的压岁钱交给我，我帮你存起来。"

小凯顿时就像泄了气的皮球，高兴不起来了。他想告诉妈妈：我要自己支配压岁钱！

表达难题

妈妈认为小凯年纪还小，没有能力管理好自己的压岁钱，所以自己要代为管理。

小凯看到其他小伙伴都可以自己支配压岁钱，非常羡慕，也想自己支配压岁钱。他应该怎样对妈妈说呢？

从法律上讲，长辈给的压岁钱属于我们的个人财产。但是由于我们年纪还小，家长往往并不放心让我们自己管理。所以，只要让家长明白我们已经有能力管理压岁钱了，我们就可以拿到它的支配权。

很多人都遇到过被家长"没收"压岁钱的情况，想要拿回压岁钱的支配权，需要我们有高超的表达力。

 说明压岁钱的归属

先询问家长，压岁钱是属于谁的？家长一定会说压岁钱是长辈给我们的，应该属于我们自己。

开立银行账户

如果手上的压岁钱数额比较大，可以去银行开立一个账户，将钱存进去。

要注意的是，不满16周岁的中国公民想要开立银行账户，应该由监护人代理开立，并出示监护人的有效身份证件，以及我们自己的身份证或户口簿。

妈妈，这压岁钱是属于我的吗？

我觉得我已经有能力管理好这些钱了。

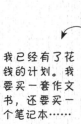

我已经有了花钱的计划。我要买一套作文书，还要买一个笔记本……

 证明自己能管好压岁钱

当家长认可压岁钱的归属后，我们还需要向他们证明，自己有能力管理好压岁钱。

这时，我们可以把自己的计划说出来，比如想要买什么文具、书籍等，想要给长辈买什么礼物，或者是想要将其存到银行……只要我们说出了合理的计划，家长一般都会同意把压岁钱交到我们手上。

说服家人
立刻给自己购买物品

早在几天前，数学老师就布置了一项特别的"作业"：用一次性餐盘制作一个时钟。今天下午放学前，他又重新叮嘱了一遍，要求大家明天带来学校。

小非心里一惊：啊！自己已经把这件事忘得一干二净了。

回到家，他看到妈妈正在忙着做饭，不敢去打扰她，可是如果再不去买一次性餐盘，超市就要关门了。他应该怎么跟妈妈说呢？

表达难题

数学老师早在几天前就布置的特别"作业"，小非因为自己的疏忽忘记了。现在时间紧迫，需要妈妈立刻带自己去买一次性餐盘。如果表达不好，很可能会被妈妈训斥。

当我们想要买一些迫切需要的东西时，如果想通过撒谎、闹脾气的方式达到目的，很可能适得其反。在向家长提出购买请求时，如果表达得不清楚，也可能得不到他们的同意。

想让家人放下手中的事，立刻带我们去买迫切需要的东西时，我们应该像下面这样做。

🔊 承认自己的错误

不要企图编造虚假理由，而要真诚地承认自己的错误，争取得到家人的谅解。

认错时注意语气和表情

有人认为遗忘事情是很正常的，没什么大不了。所以在向父母说明情况时，语气理直气壮，令父母很生气，最终达不到自己的目的。

承认自己的错误时，我们一定要语气诚恳，表达自己的愧疚，这样父母才会知道我们是真正认识到了自己的错误。

对不起，妈妈，前几天老师让购买一次性餐盘做时钟，我给忘了。

老师说明天就要带到学校，您能不能现在带我去买？要是去晚了，我怕超市就要关门了。

🔊 说明后果

虽然得到了家人的谅解，但是想让家人立刻带我们去买东西，还需要强调时间的紧迫性，这样才更有说服力。

这时，我们一定要向家人说明，如果不立刻去买，会导致哪些严重的后果。尤其是这种后果还与自己的学习相关时，家人一般都会同意。

这个时钟是在学习钟表知识时用的学具，要是没有它，我怕我在学习时不容易理解。

与长辈交流

一天，姑姑来家里做客，还给诺诺带了很多好吃的零食，诺诺高兴得手舞足蹈。

诺诺陪姑姑聊了一会儿，忍不住问："姑姑，您怎么穿这样的衣服啊？这件衣服看起来好丑呀！""你乱说什么呢？快给姑姑道歉！"听到这里，妈妈连忙严厉训斥诺诺。

"童言无忌！"姑姑连忙说。可是她的表情明显有些不高兴了。

表达难题

姑姑的衣服看起来很轻薄，而且一点都不合身，很多地方还有褶皱，所以诺诺觉得它看起来很丑。虽然她没有说谎，但却让姑姑不高兴了。

诺诺应该怎么说呢？

今天是去弟弟家做客，并不是什么正式场合，所以我就随便穿了一件宽松舒适的衣服。唉，没想到诺诺会这么说。我穿这件衣服真的很丑吗？

在与长辈交流时，我们应该怎样说才合适呢?

🔊 赞美对方的优点

赞美的话会让对方感到愉悦，从而拉近距离，所以我们可以赞美对方的发型、衣着、气色等。

当我们和长辈交流时，如果赞美他们的某件物品，一定不能说自己也想要。虽然这样说可能让我们的赞美显得更加真实，但往往会让长辈认为我们是在讨要礼物，容易引起他们的反感情绪。

姑姑，您这件衣服看起来很舒适呢!

它好像很薄，穿起来一定很凉快吧?

姑姑真有眼光，下次我要买衣服，一定请您帮我选。

🔊 赞美要流露真情实感

赞美对方的方式有很多，但不要过于浮夸、造作，使用华而不实的语言。一定要流露真情实感，这样才能让人感受到我们的真诚。

赞美对方时，一定要避开其显而易见的缺陷。比如，对方个子不高，就不要说"您穿上这双鞋子，身高都增加了"这样的话，以免让对方心里不舒服。

婉转地表达不同观点

星期天，康康的表弟来家里做客。当他们在客厅玩玩具时，电视里突然出现了快餐的广告。表弟指着电视说："看！我最喜欢吃炸薯条啦！"康康撇撇嘴说："都是油炸的，有什么好吃的？"表弟听完，大声反驳："炸薯条就是好吃，我就喜欢吃，怎么了？"康康"腾"地站起来说："油炸食品就是不好，怪不得你那么胖……"话还没说完，表弟就哇哇大哭起来……

表达难题

康康认为表弟喜欢吃快餐的习惯不好，想表明自己的不同观点。但是，康康表达观点的方式比较直接，表弟不但没有接受，反而还因为情感上受到伤害而哇哇大哭。

康康应该怎么说呢？

因为我喜欢吃快餐，哥哥就大声训斥我。我看到哥哥生气的样子，心里很害怕……哥哥还说我长得胖，我也非常不开心……

表达高手这样说

在与人交流时，我们应该怎样说，才能把自己的观点表达清楚，又不会伤害对方的情感呢？

🔊 先赞同，再提出不同意见

如果对方的话语中有合理的地方，或者与自己的观点有相同的部分，可以先着重强调这一部分。

巧妙运用情绪

如果自己的观点与对方的差异太大，在说出口前，不妨先表现出为难或不好意思的态度，同时说话吞吞吐吐。这其实是一种退让，不仅会让对方先做好心理准备，还可使对方心理上更平衡一些，即使听到对立的观点也不会有激烈反应。

快餐的味道确实很好，但是……

我有点不同的看法，说得不对你不要生气啊！

如果你经常吃快餐，你会变成什么样呢？

🔊 引导对方否定其观点

如果对方的观点确实存在弊端，又不便直接提出来，我们可以通过分析、推断等方式，让对方意识到，如果按照对方的观点行事可能会出现哪些不良后果。

一定要注意，要引导对方去否定自己，而不是替他说出来。当对方意识到自己的问题后，我们再提出意见，对方接受的可能性就更大。

正确说"不"

星期天，小马正在用积木搭一座大楼。这时，弟弟跑了过来，一边说"我来帮你搭"，一边拿起一块积木就要往大楼上面放。

"你赶紧走开，不要给我捣乱！"小马连忙冲弟弟喊道。

看到小马凶神恶煞的样子，弟弟吓得一愣，接着便号啕大哭起来。

"唉……"小马看到弟弟伤心的样子，无奈地叹了口气。

表达难题

小马正在搭积木，弟弟也想参与，但是小马认为弟弟并不懂怎么搭，只会给自己捣乱，所以蛮横地拒绝了他。

小马应该怎么说，才能让弟弟放弃搭积木，而又不受到情感的伤害呢？

我喜欢和哥哥一起玩耍，不管他在玩什么，我都想跟他一起玩。所以，看到他在搭积木，我也想去帮忙，可他却说我是给他捣乱。我太难过了！

如果想要阻止对方做某件事，又不想对方在情感上受到伤害，那就照着下面的方法说一说吧！

🔊 诚恳地解释原因

态度诚恳地告诉对方，自己不希望对方做这件事，并说明其中的原因，争取对方的理解。

弟弟，你搭积木时手不太稳，容易把积木弄倒。

你看我已经把大楼搭这么高了，弄倒就太可惜了。

不如你在旁边自己搭一个新的东西，到时候我们比一比谁搭得更漂亮，好不好？

教你一招！

巧借他人法

在对别人说"不"时，可以巧妙地使用他人作为理由进行拒绝。

比如，有小伙伴找我们去某个地方玩时，如果我们不想去，就可以说："我真的很想跟你去，可是妈妈让我写一篇作文，如果去玩的话，我就完不成任务了。"

🔊 提供替代方案

虽然得到了对方的理解，但是对方的心情肯定是有些失落的。这时，我们可以提出一个替代方案，从而让对方的心情好转起来。

要注意，这个替代方案应该能让对方达到类似的目的，但是又不改变我们的初衷。比如有人找我们去打球，但我们不想去时，就可以提议改为一起下棋。

向对方表达感谢

一天，小姨来家里做客，还给悦悦带来一条新的连衣裙。

"快穿上试一试，看看合不合身！"小姨满怀期待地说。

悦悦打开包装，拿出连衣裙看了看，立刻惊喜地大喊起来："啊！这件衣服好漂亮呀！要是再给我买一双亮晶晶的新鞋子，我穿起来就更漂亮啦！"

听到这话，小姨立刻尴尬得说不出话来。

表达难题

悦悦收到小姨赠送的连衣裙后，没有表达自己的感谢，反而提出新的要求，让小姨感到很尴尬。

悦悦应该怎样向小姨表达自己的感谢呢？

我精心为悦悦挑选了一条连衣裙，没想到，她竟然觉得我想得不周全……

当别人赠送东西给我们时，我们一定要明确地表达自己的感谢。

口头表达感谢之情

别人赠送东西给我们，是出于一种善意，不管它对我们是不是有用，我们是不是喜欢，都应该先向对方表达感谢之情。

处理不喜欢的东西

如果别人送给我们的东西，我们并不喜欢，可以等对方离开以后再进行处理。

这些东西只是我们自己不喜欢而已，但它们依然具有使用价值，所以我们可以将其转送给其他有需要的人，比如小伙伴、同学、兄弟姐妹等，让它发挥应有的作用。

小姨，谢谢您！

正好我想要一条连衣裙，您真是太会选啦！

做出实际行动

如果仅仅是口头表达感谢，然后随手把东西放在一旁，也是不尊重人的表现，会让对方感觉到我们只是在敷衍。

您看，我穿上它是不是很漂亮啊？

这时，我们还可以通过实际行动来回报对方的好意，比如试用一下，同时询问对方的意见，让对方看到这东西对我们真的很有用、很适合，对方一定会非常开心。

祝福语这样说

　　星期天，爸爸妈妈带着小诗去医院看望住院的爷爷。到了病房，爸爸放下带来的水果和营养品，和爷爷聊了一会儿。临走前，爸爸对小诗说："你来对爷爷说一些祝福的话吧！"

　　"好的。"小诗立刻走上前，"祝爷爷福如东海，寿比南山；年年有今日，岁岁有今朝！"

　　"啊！"爷爷惊呆了。爸爸妈妈也尴尬得无地自容。

表达难题

　　"福如东海，寿比南山；年年有今日，岁岁有今朝。"这是适合给过生日的长辈说的祝福语，所以小诗在病房对住院的爷爷说出这句话，是非常不恰当的。

　　小诗应该怎么说呢？

　　小诗祝我"年年有今日，岁岁有今朝"，那就是说我每年都要来住院啊！虽然她是无心的，但是我的心里却很不舒服。

在对人说祝福语时，我们一定要懂得灵活变通，才能避免表达错误。

🔊 针对不同的对象

对象不同，祝福语自然也不一样。比如，同样是祝福过生日的人，要祝福老人"健康长寿"，祝福小朋友"快乐成长"。

爷爷，祝您心情愉快，早日康复回家！

谢谢小诗！爷爷心情很好，很快就可以回家啦！

🔊 针对不同的场合

在不同的场合，要考虑被祝福人的身份、即将要做的事，等等。

比如，去看望病人，就应该祝对方心情愉快、早日康复；有人新店开业，就要祝对方生意红火、财源广进；参加婚礼，就要祝新人婚姻美满、白头偕老；有人要参加考试，就要祝对方考试顺利、金榜题名。

27

为自己"辩护"

星期天下午，彤彤正在和妹妹一起玩玩具。突然，妹妹在玩皮球时，不小心砸到了自己的头，她立刻坐到地上大哭起来。

妈妈听到哭声，连忙跑过来，一边抱起妹妹，一边指责彤彤："你是不是又欺负妹妹了？我说了多少遍了，你比她大，不要跟她抢玩具。"

彤彤委屈地看着妈妈，她应该怎样为自己"辩护"呢？

表达难题

妈妈看到妹妹在哭，认为是彤彤在欺负妹妹，和妹妹争抢玩具。她没有经过调查，就直接做出了判断，冤枉了彤彤，这让彤彤感到非常委屈。

彤彤以前经常和妹妹抢玩具，有时还会和妹妹吵架，这次妹妹哭得这么厉害，一定是彤彤欺负她。我要好好教育她，让她和妹妹和睦相处。

当被人冤枉时，想要为自己"辩护"，我们应该怎样说呢？

🔊 **强调对方的出发点是好的**

对方冤枉我们，往往是因为没有了解事情的真相。我们要先认可对方的出发点是好的，让对方情绪缓和下来，然后再说明事情的真相。

妈妈，我知道您希望我和妹妹和睦相处。

但这次她哭并不是因为我，而是因为她不小心被玩具砸到头了。

您可以问问她。而且，我已经长大了，今后都不会再和妹妹抢玩具了。

妈妈，我不小心被球砸到了头，不是姐姐欺负我。

对不起，彤彤，妈妈错怪你了。

教你一招！

留言解释

有的时候，我们因为一些比较复杂的事情被人冤枉了，三言两语说不清楚，可以选择以留言的方式进行解释。比如，把事情的经过和自己被冤枉后的委屈心情，都清楚地写在一张纸上，然后交给对方看。

🔊 **条理清晰地为自己"辩护"**

当对方情绪缓和下来后，再把事情的经过详细讲述一遍，让对方了解真相。

如果对方还不愿意相信，那我们可以拿出相关的证据，或者请出相关的证人。

最后，我们还可以强调自己未来会怎么做，避免以后再发生类似的误会。

28

电话应该这样打

星期六晚上，妈妈告诉东东，第二天要带他去一趟姥姥家。

"啊！"东东大吃一惊，"可是我已经和小齐约好了，明天上午一起去踢球呢！""那你给小齐打个电话，告诉他一声。"妈妈说。

打通电话后，东东连忙说："小齐，明天我不去踢球了。"说完，东东就把电话挂了。他的表达有没有问题呢？

表达难题

东东给小齐打去电话，说明了自己明天不去踢球，但是他在打电话的过程中，不仅没有表示歉意，还自顾自地说完就挂了电话，不理会对方说什么。这样的表达是不合适的。

突然接到一个电话，对方说自己明天不去踢球了，我还没反应过来，对方就挂断了。我想了半天，才想起来应该是东东。

准备记事本和笔

在打电话时，如果自己要说的事情比较多，可以先用笔在记事本上列出清单，打电话时一条一条地说，就不会遗漏。

另外，如果在打电话时，对方讲了一些重要的事，也可以随手记录在记事本上，避免遗忘。

表达高手这样说

在给别人打电话时，我们首先要做到有礼貌，同时将自己要说的事情表达清楚。

🔊 礼貌用语

打通电话，应该先向对方问好，然后报出自己的名字。如果接电话的不是自己要找的人，就请对方帮忙叫一下。

你好！小齐，我是东东。

明天妈妈要带我去姥姥家，所以明天上午我不能跟你去踢球了。对不起！

哦，没有关系，我们下次再约！

🔊 把要说的话表达清楚

打电话时，声音要洪亮、清晰，确保对方能听清楚我们的话。

然后，开门见山地把我们要说的事情，按照前因后果的逻辑顺序表达清楚，让对方完全理解。切记不要东拉西扯，跟对方闲聊无关的事情。

如果是自己要爽约，一定要向对方表示歉意。

29

与客人交谈

星期天，妈妈的同学带着女儿来家里做客。妈妈热情地接待了同学，还交待欣欣陪着妹妹聊天。

欣欣坐在妹妹旁边，看着她，很想自然地和妹妹聊天，可是她现在却不知道该怎么开口打破僵局。妹妹也感到很拘束，不知道该与欣欣聊些什么。

表达难题

欣欣跟小伙伴相处时，聊天都非常自然。但是现在面对一个初次见面的妹妹，却感觉有点不知所措。

欣欣应该怎么说呢？

有客人来访时，我们应该表现得坦然大方，热情而有礼貌。作为主人，我们应该主动寻找聊天的话题，这样才不会让场面变得冷清，客人才不会感到拘谨。

接待客人时，我们应该怎么说，才会让双方和谐融洽呢？

先自我介绍

面对第一次来访的客人，我们要先介绍自己的名字、年龄等，同时可以询问对方的名字、年龄等。只要打开了话题，双方就会慢慢进入自然的聊天状态。

学会聆听

当我们和客人聊天时，一定要记住自己的任务是陪伴客人，而不是自我表现。

当找到客人感兴趣的话题后，如果客人打开了话匣子，滔滔不绝地讲起了话，我们就重在聆听，时而给出神态和语言的反馈就可以了，千万不要和客人抢着说话。

我叫欣欣，下个月就要满11岁了哦！

我上五年级了，你现在上几年级呢？

找出双方感兴趣的话题

为了不让聊天冷场，一定要找到双方都感兴趣的话题。

一般来说，男孩喜欢聊玩具、运动、电影等话题，而女孩则喜欢聊美食、旅游、宠物等话题。

当我们聊起一个话题时，如果发现对方不感兴趣，就要及时切换到别的话题，以免陷入自言自语的尴尬处境。

我喜欢猫，你喜欢吗？

校园社交

　　学校是个大家庭，在学校与老师、同学的沟通交流中，我们可以获得丰富的知识积累和宝贵的真挚情谊。此外，我们要积极参加课堂讨论、演讲比赛、辩论赛等活动，在实践中不断磨炼自己的表达技巧。

做个自我介绍吧

新学期开始了，由于爸爸的工作调动，小云也来到了一所新的学校上学。

老师把小云领进教室，对同学们说道："让我们欢迎新同学加入我们这个大家庭吧！"全班同学都热烈地鼓起了掌。

"小云，你来做个自我介绍吧！"老师微笑地看着小云。

啊？小云瞪大了双眼，不安地用手捏着衣角，看起来非常紧张。

小云应该怎样做自我介绍呢？

表达难题

突然来到一个新的班级，面对陌生的老师和几十名陌生的同学，小云显得有些紧张。另外，她也不太明白，自我介绍需要介绍哪些方面的内容，脑子里乱成一团，一时理不清头绪。

自我介绍是让别人认识自己最直接的一种方式，不管是到了新的班级，还是到了新的社团，甚至是将来在职场、社交场合或者求职面试中，都是必不可少的。

表达高手这样说

通过自我介绍，让别人对自己有个初步认识，是一种非常重要的表达技巧。

🔊 介绍基本情况

首先介绍自己的基本情况，包括姓名、年龄等，如果姓名有特殊含义，也可以详细介绍。

自信与自谦

在做自我介绍时，一定要展现出自信和自谦的态度。

说话时要面带微笑，语气温和，吐字清楚，通过分享自己的成功和经历，展示出自己的自信。

同时也要有自谦的态度，表达出对他人的尊重和向大家学习的意愿。

大家好，我的名字叫陈小云，今年 11 岁。

我的兴趣爱好广泛，喜欢画画、弹钢琴……

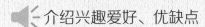

🔊 介绍兴趣爱好、优缺点

接下来，介绍自己的兴趣爱好，可以加入一些有趣的故事或比喻，以吸引听众的注意力。

在介绍自己的优点时，应该实事求是，确保内容的真实性和准确性，不要让听众觉得浮夸。

另外，介绍自己的缺点时，也要坦然面对，并说明自己希望和大家共同进步的意愿。

我最大的优点是乐于助人，最大的缺点是粗心大意……希望能和大家成为好朋友，共同进步。

参与竞选

新学期开始了，老师开班会时说所有的班干部职位都要重新竞选，由同学们投票选举产生。这些职位有班长、学习委员、生活委员、体育委员、劳动委员等。

多多十分讲卫生，平常在家还喜欢帮助妈妈做家务，也有为班级和同学们服务的意愿，他很想去竞选劳动委员。

如果他站到讲台上，应该怎样发表竞选演讲呢？

表达难题

参与竞选，一定要在竞选演讲时充分发挥自己的口才，从而让同学们相信自己并为自己投票。多多从来没有参加过竞选，不懂演讲的技巧，也不会组织自己的语言，所以他非常犹豫。他怕自己站到讲台上后，会说不出话来。

儿童时期是性格养成的关键时期，如果我们能走到讲台上发表竞选演讲，哪怕仅仅只是几句话，也是一种进步。有了这种尝试，我们在今后就能更阳光、更自信地与人交流，更勇敢、更真诚地表达自己的想法。

表达高手这样说

参与竞选的目的并不是一定要去争取某个职位，而是重在锻炼自己，因为发表竞选演讲对提高我们的表达力有重要作用。

🔈 说明自己的优势

我们想竞选某个职位，一定是因为自身具有某些优势，将其说明，就可以获得听众的信任。

教你一招!

注意开头和结尾

演讲的开头要引人入胜，同时表现出一定的自信和精气神，让听众感觉到我们具有领导力。

演讲的结尾也非常重要，应该给听众留下一个好印象。还可以通过留下一个愿望或者一个问题，进一步引导听众思考并选择投票给我们。

我要竞选的是劳动委员，因为我热爱劳动。

如果我当选了，将会做好以下几方面的工作……

🔈 说明自己的计划

如果自己竞选成功，计划做些什么？这是听众非常关心的。

我们要紧紧围绕热点、难点问题，提出明确的目标和切实可行的计划，让听众明白，如果为我们投票，使我们获得这个职位，将会给大家带来显而易见的好处。这样，就将自己竞选的事变成了大家关心的事，获得投票的概率就会更高。

如果没有当选，我也不会气馁，依然会为班级贡献我的力量!

发表国旗下的讲话

"下周一升旗时，轮到咱们班发表国旗下的讲话了。"老师站在讲台上，微笑着对全班同学说，"这次的主题是关于交通安全，谁愿意代表咱们班级去发表讲话呢？"

过了一会儿，见没有同学举手，老师便点名道："星星，就由你去吧！"

"啊！"星星不由得在心里惊呼了一声，"我该怎样说呢？"星星陷入了沉思……

表达难题

在全校师生面前发表公开讲话是什么体验？星星想起来就心生退意。不过，既然老师点名要他去，他也只好硬着头皮同意。不过，他还是心里没底。

国旗下讲话是每个星期一或重大节日、重大活动中升国旗仪式后进行的讲话，是学校德育的重要载体。这种公开发言，有助于提高我们的表达力和自信心，有机会时一定要积极参与。

面对全校师生发表讲话，我们需要做好充分准备，才能从容不迫。

🔊 切合主题

不管是计划好的还是临时的讲话，都必须要切合主题，并挖掘出相对应的观点与案例，再借题发挥，就能产生很好的说服力。

教你一招！

寻找支持我们的目光

当我们站在台上讲话时，台下所有人的目光中，总有一些支持的和不支持的，甚至有的目光会让我们觉得很不舒服。这时，如果我们感觉内心紧张，就多看看那些支持我们的目光，看着他们，我们会感觉自己受到了肯定，从而树立自信心。

大家好，今天我讲话的主题是《交通安全伴我行》……

交通安全，关系到我们的生命……

🔊 与听众互动

面对观众，我们要面带微笑，用眼神与大家进行交流，形成一种亲切的交流氛围。

当我们在讲话时，观众的反应也很重要，最理想的效果就是观众与我们进行积极热情的互动。

我们可以抛出话题，或者故意制造悬念，引发大家的思考；也可以先讲故事，再提出问题。

如果你要乘坐的公交车已经驶出了站，你会怎么做呢？……

被同学诬陷

"走廊的墙上出现了一个鞋印，这是咱们班同学做的吗？如果是，请主动承认，然后去擦干净。"上课前，老师严肃地说。

"老师，我看到了，是小雨干的。"淘淘立刻举报道。顿时，所有人的目光立刻聚集在小雨身上。

小雨皱了皱眉头，连忙站起来反驳道："不是我！你乱说！"这显然是淘淘在冤枉自己，他该怎样向老师解释呢？

小雨不知道墙上的鞋印是谁留下的，但他很确信与自己无关。面对淘淘的诬陷，如果他只是说这件事不是自己干的，老师和同学们会相信吗？

生活中，我们很可能会因为各种各样的原因遭到别人的诬陷。这个时候，如果我们不懂得表达的技巧，只是徒劳地申辩"不是我，与我无关"，很可能难以取得其他人的信任。

当遭遇诬陷时，我们应该怎么说，才能证明自己的清白呢？

🔊 **沉着冷静，不怕验证**

沉着冷静地告诉大家自己从来没有做过，可以主动提出相关证据，以证明自己的清白。

反击追问法

当别人诬陷我们时，除了解释，我们还可以采取反击追问法。

比如，追问对方是在什么时候看到我们做的这件事，还有什么其他证人，以及当时他为什么会出现在现场等。对方回答得越多，谎言被拆穿的可能性就越大。

我一向爱护校园，从不破坏环境，同学们是有目共睹的。

而且我的同桌可以为我证明，我今天还没有单独离开过教室。

也可以问问淘淘怎么就确定鞋印是我的呢？

🔊 **引导大家思考对方的意图**

仔细思考对方为什么要诬陷自己，是出于嫉妒还是报复？找到一个比较合理的方向，然后将其讲出来，让大家思考。

在表达时，不可直接说对方诬陷自己就是因为某种原因，这样太武断，不容易得到认同。但是可以引导大家自己去推断。

遭到同学取笑

这天下午，老师给大家发了学校安排的加餐——一个大苹果。

正当大家吃得津津有味时，斌斌突然指着同桌军军笑道："大家快看，军军好像一只兔子啊！"原来，军军长着两颗大门牙，啃苹果的样子看起来很有趣。

"我像兔子很可爱，但你像肥猪可真丑！"军军立刻反唇相讥。

身体比较肥胖的斌斌立刻怒不可遏，抓着军军就扭打起来。

表达难题

军军长着两颗大门牙，并因此被斌斌取笑。他心中非常生气，便立刻回击斌斌像肥猪，激怒了斌斌，结果导致冲突升级，两人扭打起来。

军军在遭到别人取笑时，应该怎么说呢？

我说军军像兔子，只是调侃他的大门牙，并没有辱骂他。可是他却骂我像肥猪，让我非常生气，所以我就忍不住想打他。

在遭到别人取笑时，如果我们表达不当，很可能引发激烈冲突。

🔊 轻松应对

如果对方只是出于幽默或调侃的目的，大可不必大动肝火。保持轻松，承认对方的话是对的，并转化为自己的优点。

淡定微笑法

当对方取笑我们时，我们越不淡定，越生气，对方就越开心。

所以，我们可以淡定地微笑，甚至表态："你说什么都行，我根本不在乎。"从而显示出自己的大度量。这时，做人的素质显而易见。

你说得没错，而且我也很喜欢可爱的兔子。

我身上还有很多其他的优点，你不要只看到我的门牙。

🔊 指出对方的错误

不管对方是出于幽默或调侃的目的，还是带有侮辱的目的，我们都可以从正面指出对方这种取笑是错误的行为。

尊重他人就是尊重自己！

在这个世界上，每个人都或多或少存在一定的缺点。如果一个人肆意取笑他人，也必然会遭到他人的取笑。

外表的美丑是天生的，我们无法改变，但心灵的美丑却是自己培养的。我们都要做心灵美的人。

被同学孤立

活动时间到了，小志准备和几个小伙伴一起去操场上玩。这时，他突然发现那几个小伙伴竟然全都没等他。

他来到操场上，找到他们，准备像平常一样一起玩耍，可是这几个人却互相看了看，同时转身离开。

"他们怎么了？难道我被孤立了？"小志感到很不可思议。

表达难题

小志和这几个小伙伴平时总是在一起玩，非常友好，可是今天他却被大家孤立了。

小志有点摸不着头脑，很想知道问题出在哪里。他应该怎样说呢？

小志最近穿了一双名牌鞋，有时我们不小心踩到他，他就会立刻去擦一擦。虽然他没说什么，但我们觉得他这是在责怪我们。

分析自己的性格

当我们感觉自己被孤立时,一定要先反省一下是不是自己过于敏感了。有时候,因为我们性格内向,与大家交往不多,所以会产生被孤立的感觉。如果是这样,就要鼓励自己开朗大胆一些,多主动与同学交往,积极参加班级活动。

表达高手这样说

当我们遭到同学的孤立时,一定要找到原因,并对症下药。

📢 表明态度

被孤立时,不要等待别人主动跟我们说话,这样可能永远不会得到别人的认可。我们可以主动向对方表明自己愿意友好交往的态度。

我非常喜欢和你们在一起玩。

你们现在对我是不是有什么误会呢?

📢 寻找原因并解决

委婉地询问对方,大家是不是存在什么误会。

如果是我们自己的原因,给对方造成了伤害,那就告诉对方,我们会尽量去改变自己,做出弥补。

当然,如果我们没有做错任何事,只是被人恶意拉帮结伙针对,那就没有必要去改变自己。有必要时,把情况告诉老师和家长,请他们帮助我们解决。

原来是因为鞋子啊!是妈妈要求我不要把鞋弄脏的,我并没有责怪你们的意思啊!

消除了误会,我们还是好朋友。

向同学借物品

"请大家拿出作文纸，写一篇关于自己最喜欢的宠物的作文。"听到语文老师的话，图图立刻愣住了。他这才想起，昨天老师说过今天上课要写作文，让大家把作文纸带来，但是他居然忘记了。

"小牛，快点，把你的作文纸撕一张给我。"图图立刻向旁边的小牛求助。没想到，小牛居然没理他。图图有些疑惑：小牛为什么装作没有听到呢？

表达难题

图图忘记把作文纸带到学校，所以当老师让大家拿出作文纸时，他只好求助于同学小牛。可是，他不明白为什么小牛不理他。其实，这就是由于图图的表达出了问题。

同学之间要互帮互助，我很愿意把作文纸借给图图。不过，他总是用命令的语气跟我说话。我觉得他一点都不尊重我，所以我才没理他。

表达高手这样说

当我们向同学借物品时，应该怎样说，才能让同学乐于把物品借给我们呢？

🔊 委婉地询问

我们向同学借物品，是在请求同学的帮助，一定要委婉地询问别人是否可以出借。

按时归还所借物品

我们能从别人那里借来物品，这是因为别人选择了信任我们，给予我们方便。因此，我们一定要把此事铭记在心，按时归还。如果怕忘记，就要记在备忘录上，放在明显的地方，最好每天提醒自己。请注意，在归还时还要向对方表示感谢。

🔊 说明归还时间

不管向同学借任何物品，都要说明归还的时间。虽然不是贵重物品，但是也要做到有借有还，这是我们做人的起码原则。

很多人找别人借物品时，不想着归还，所以也不会说明归还时间。这样的结果就是，连续借了几次之后，失去了别人的信任，当他再次向别人借的时候，别人便会毫不犹豫拒绝他。

面对他人挑衅

　　学校的自由活动时间，涛涛抱着一个足球，和两个同学一起走向操场，准备去练习一下射门的技巧。

　　路上，他们遇到了一个高年级的男孩。男孩看着胖胖的涛涛，用挑衅的语气说："哟！你也会踢足球啊？你敢不敢跟我比试一下？输的人要说'我是个笨蛋'！"

　　面对男孩的挑衅，涛涛应该怎么说，才不会激化矛盾呢？

表达难题

　　本来要去踢足球的涛涛，因为身体胖一些，就遭到了高年级男孩的挑衅。如果他不控制住自己的怒火，说出了不适当的话，很可能会激化矛盾，引发一场斗殴。

　　我喜欢踢足球，身材高大强壮。当我看到这个胖学弟也要去踢球时，就忍不住想挑衅他。他这体形上了球场，别说踢球了，恐怕连跑都跑不动吧！

面对他人的挑衅时，我们要尽量控制自己的情绪，同时用言语化解矛盾。

🔊 先承认自己的不足

对方嘲笑我们，可能是因为我们身上存在某些不足，我们可以大方承认，这便会让对方斗志减弱。

幽默化解法

遇到挑衅时，我们可以运用幽默的方式去化解紧张局面。比如，当对方嘲笑我们很胖还去踢球时，可以幽默回答道："别看我胖，我跑起来也是很灵活的呢！"

需要注意的是，要确保这种幽默不会刺激到对方。

是的，我的足球确实踢得不算好。

不过，我热爱踢足球，并且会努力坚持训练。

我一定会努力追上你们的水平，你可不要懈怠哦！

其实……其实我的水平也马马虎虎……

🔊 引导对方的情绪走向

假装没有察觉到对方的敌意，适当夸奖对方，并将其引导到正面的、友好的情绪状态中。比如，可以说："我知道你确实很厉害，不过我也会努力的。"

听到我们的话后，对方往往会意识到自己的错误，进而在我们之间播下友谊的种子。

面对别人的指责

星期二中午，丹丹怒气冲冲地走到露露面前，指责她道："你为什么要告诉老师我昨天没做完题就回家了？你不是我的好朋友吗？"

原来，昨天老师布置了几道题，让大家一定要在放学前做完并交给小组长。露露作为丹丹的小组长，看到丹丹没有做完题就回家了，只好在今天早上如实向老师汇报，没想到丹丹会这么生气。

表达难题

丹丹在放学时没有做完题，就直接回家了。作为小组长，露露要完成老师安排的工作，向老师进行汇报，她认为自己的做法是对的。

这个时候，面对丹丹的指责，露露应该怎么说呢？

由于学习和生活的压力越来越大，当别人遇到不如意的事情，或者无法理解我们的做法时，他就会产生一些负面情绪，变得愤怒和烦躁。所以，有时候我们会遭到别人的指责，这是不可避免的。

对方在指责我们时，往往处于情绪激动的状态，所以我们一定要控制自己的情绪，冷静应对。

🔊 **如果自己有过错**

如果我们存在一定的过错，就真诚地向对方道歉，请求原谅，如果有可能就做出一定的弥补。

丹丹，向老师汇报是老师交给我的任务。

我并没有针对你的意思，你依然是我的好朋友。

🔊 **如果自己没有过错**

如果我们不存在过错，就耐心地向对方解释清楚。很多时候，指责都是由于沟通不当所导致的。当我们把前因后果说清楚，对方自知理亏，也不会再继续纠缠。

为了安抚对方，在条件允许的情况下，我们可以给出适当的帮助，让对方感受到我们的友好态度，从而消除怒气。

要是你觉得这几道题做起来有难度，我们可以一起讨论研究。

39 和同学讨论问题

课间休息时，小米和几个同学对"地震时躲在哪里更好"的问题展开了讨论。

小强说："要是在家里，就躲到卫生间去。"

小米则反驳道："你这个办法不行啊！要是困在里面，遇上管道破裂，那味道……难道你是因为喜欢卫生间的味道，才躲在那里吗？哈哈！我觉得还是躲在厨房更好。"

小强也不甘示弱，反驳道："难道厨房就是安全的吗？万一煤气泄漏……"两个人你一言，我一语，很快就吵了起来，最后不欢而散。

表达难题

地震时躲在哪里更好？小米和小强都有自己的看法。但是小米在反驳小强的观点时，由于表达不当，引起了小强的反感，最终两人发生了争吵。

小米不同意小强的观点，应该怎么说呢？

小米说我喜欢卫生间的味道，我感觉她是故意羞辱我，我很生气。我非要跟她吵一架不可！

表达高手这样说

和同学讨论问题时，如果我们表达不当，很可能使讨论变成吵架。

🔊 对事不对人

讨论问题时要就事论事。如果不同意对方的观点，可以针对此观点进行反驳，而不要绕过观点去评价对方本人。

你说得有道理，卫生间确实可以躲藏。

不过，要是来得及，我会躲到厨房去。

因为厨房里还有食物和水，这样就更有保障了，你说呢？

🔊 相互尊重

很多时候，我们讨论的问题比较开放，彼此的观点甚至分不清谁对谁错，这个时候就没有必要一定让别人同意我们的观点。尊重别人的观点，就是尊重别人的人格，这是人与人相处的基本原则。

如果对方的观点有明显错误，也要委婉地说出自己的观点，用充分的理由使对方信服。

和同学发生冲突

这天中午，悠悠正走向自己的座位时，一不小心踩到了一名女生的脚。

"啊！"那名女生尖叫起来，"你没长眼睛啊？看不到我的脚啊？"

悠悠一听对方这话，顿时火冒三丈："谁让你把脚伸到过道上的啊？"

"什么？你踩了我还怪我？"女生立刻怒气冲冲地站起来，一把将悠悠推倒在地……

班主任闻讯赶来，阻止了这场矛盾升级……

表达难题

悠悠不小心踩到了一名女生的脚，由于对方出言不逊，令她情绪失控，做出了错误的表达。最终，两人的矛盾加剧。

面对这种情况，悠悠应该怎么说呢？

像这样的情形在校园里比较常见，同学们都是年少气盛，一言不合就容易引发激烈冲突。如果能多一分冷静，控制住自己的情绪，说得体的话，很多事情都能得到圆满的解决。

与同学发生冲突时，我们应该三思而后行。一定要先想清楚怎样说话不会引发矛盾升级，然后再开口。

🔊 控制自己的语气

如果对方正在气头上，就不要针锋相对地说话，以免刺激对方，使冲突升级。

退一步海阔天空

和同学发生冲突时，很多时候，只要有一方后退一步，这场冲突便会停止。我们不要认为自己后退一步就是畏惧、退缩，是没有本事的表现。相反，这才是正确处理人际关系的方法，可以一生受用。

对不起，我刚才确实没有注意到你的脚。

你的鞋被我踩脏了，我可以帮你擦干净。

🔊 平息对方的怒气后再讲道理

如果自己有错在先，哪怕对方出言不逊，也应该先道歉，这样才能平息对方的怒气。等对方冷静下来后，接下来的谈话就会顺利很多。

接着，我们可以从正面引导，让对方知道友好相处的重要性，从而认识到自身的错误。要记住，不要用指责的语气和对方说话，只要让对方意识到自己的错误即可。

你说得对，我不该骂你，对不起！

我觉得咱们应该友好相处，不应该随意恶语相向，你说呢？

和同学分享喜悦

带着一张 100 分的数学试卷，小星迈着轻快的步伐回到了座位。

"小奎，快看，我的数学试卷又得了 100 分！"小星把试卷展开给旁边的小奎看，向他分享自己的喜悦。

"有什么了不起的！"小奎瞥了一眼，小声嘟囔了一句，又埋头去看自己试卷上的错题。

"小奎这是怎么了？我哪里说错了吗？"小星自言自语。

表达难题

小星的数学考试得了 100 分，他很高兴，所以想立刻把喜悦分享给好朋友。没想到，好朋友小奎竟然是这样的态度，让他不明所以。其实，这是他的表达出了问题。

小星的数学成绩很好，每次考试都能得高分，我非常佩服他。可是我的数学成绩不理想，看到他炫耀，我就很生气。

当我们与人分享喜悦时，如果表达不当，很可能会被别人当成是炫耀，影响彼此的关系。

🔊 **保持谦虚**

分享喜悦时，一定要表现出谦虚的态度，否则很容易招致别人的反感。

分享和炫耀

分享和炫耀有着本质的区别。分享是为了让别人和我们一起快乐，而炫耀则是只追求自己的快乐，不考虑别人的感受。甚至，有人在炫耀的同时，还会刻意去贬低别人，这样的做法只会让别人反感，最终会失去友谊。

我有件开心的事想和你分享。

不过你不要多心，我没有别的意思，就是单纯分享喜悦。

🔊 **重点是分享喜悦的心情**

如果我们要分享的事情正好是对方的薄弱项，那就有必要提前强调自己的动机，只是单纯分享喜悦的心情而已，以免对方多想。

在分享完喜悦后，还可以适当分享经验，鼓励对方，让对方感受到我们的关心，从而使双方的友谊变得更加牢固。

看来，多做练习题确实有用，你也试一试吧。

嗯，我也多做点练习题。

练习册

邀请同学到家里做客

下个星期三就是小曦的生日，妈妈说要给她好好庆祝一下，还允许她邀请好朋友到家里做客。

小曦只有一个最好的朋友，那就是她的同学小梦。

下午放学了，小曦拉住小梦的手，准备向她发出邀请，可是又怕自己说错话，让小梦为难。她该怎么说呢？

表达难题

小曦要过生日了，她想邀请小梦到自己家里做客。虽然这是一件很简单的事，但是如果表达不恰当，很可能让小梦觉得小曦没有诚意。

邀请同学来家里做客，可以促进相互之间的了解和交流，增进彼此的友谊。但一定要记得提前打扫卫生、整理物品，因为这是对客人基本的尊重。

表达高手这样说

邀请别人时，我们应该怎么说，才能让别人感受到我们的真诚呢？

🔊 说明原因、时间、地点

向对方说明自己发出邀请的原因、请对方来家里的时间和我们的住址。含糊不清的邀请只会让人觉得我们很随意、敷衍。

提前确认对方饮食偏好

当同学接受了我们的邀请时，我们一定要提前确认对方的饮食偏好，比如喜欢吃的水果、点心，喜欢喝的饮料等。如果有饮食方面的禁忌，也要提前了解。这样才不会让同学来到我们家里时感觉不舒服，而是愉快地享受这次聚会。

小梦，下星期三是我的生日。你有时间到我家做客吗？

我很期待你能来哦！我们可以一起分享美食和快乐。

🔊 对方不能来，要表示遗憾

如果对方表示能来，那就开心地表示将会等待对方光临即可。

如果对方说"有空就来"，这很可能是心里不想前来，但也不愿意让我们感到失望，我们只要表示期待对方光临即可。

如果对方说有事来不了，我们要理解和尊重，并表示遗憾，同时也要说明这不会影响彼此的友谊。

你有事来不了？真是太遗憾了。不过这并不会影响我们的友谊！

43

安慰别人有技巧

最近几天，小月的状态都不太好，因为妈妈生病住院了，让她非常担心。小涵看到小月这样，便主动去安慰她。

"小月，你不要难过，你妈妈在医院躺着多舒适啊，天天吃喝都有人照顾。"

听到这里，小月气不打一处来，冲着小涵就是一顿训斥。小涵却感到有些委屈，自己明明是想安慰小月的，却遭到了小月的责备……

表达难题

小涵认为小月担心住院的妈妈，只要自己告诉她，她妈妈在医院有医护人员护理，她可以放心，这样她就不会难过了。可是小涵没想到，由于自己表达不当，反而让小月发火了。

小涵应该怎样安慰小月呢？

我的妈妈生病住在医院，承受着病痛的折磨，可小涵居然说她在医院躺着很舒适。难道生病住院还是好事吗？真是令我生气！

· 92 ·

安慰别人时，不仅需要有一颗真诚的心，还需要表达恰当，才能收到最好的效果。

🔊 安慰的话要给人希望

安慰别人的目的是减轻其心理压力，所以一定要说"情况一定会好转的"等能让对方高兴的话。

真诚地共情

在安慰别人的时候，我们可以尝试去理解对方的感受，把自己放在对方的角度去体会其所经历的情绪变化、思维过程，甚至身体的反应。这样我们说出来的话就会更加真诚，也会让对方感觉自己是被理解的。

小月，你妈妈很快就会好起来的。

你要照顾好自己的身体，妈妈才会高兴哦！

🔊 引导对方转换思维

如果对方一直将思维停留在难过的事情上，那么我们的安慰必然是事倍功半。

等妈妈恢复健康了，看到你这么懂事，一定会非常开心的！

这个时候，可以尝试转换其思维。比如，让他照顾好自己的身体，否则他所担心的人也会反过来担心他。大多数情况下，这个方法可以取得立竿见影的效果。

学会赞美

语文课上，老师把小美的作文当作范文，当众朗读了一遍，还让同学们学习她的写作方法。

课后，作为小美的好朋友，小琴连忙跑过去对她大加赞美。

"你真是太棒了！这次的表扬够你炫耀半个学期了！"小琴嬉笑着说。

听到这里，小美不由得皱起了眉头，心中非常不悦。

表达难题

小琴看到好朋友小美被老师表扬了，心里为小美感到高兴，于是想去赞美小美。没想到，由于自己用词不当，反而让小美不高兴了。

小琴应该怎样赞美小美呢？

小琴看起来好像是在赞美我，但是她却说我在"炫耀"。我炫耀了吗？看来她就是心里嫉妒我，所以才故意诋毁我。

· 94 ·

赞美他人是一门学问，学会并掌握它，会给我们的生活、学习带来不可估量的好处。

🔊 语言不必太复杂

只用很平常的语言赞美即可，使用夸张的、不常用的词汇，只会让人觉得虚伪。

小美，你可真棒！

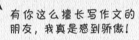

有你这么擅长写作文的朋友，我真是感到骄傲！

我决定了，我要向你学习，把作文写得生动有趣！

从不一样的角度赞美

如果我们想要赞美的人已经得到了很多人的赞美，这个时候我们就要从不一样的角度去赞美，这样才能取得更好的效果。

比如，当朋友穿了一件新裙子时，大家都赞美裙子漂亮，我们就可以赞美裙子与她的发型搭配得很好。

🔊 表达发自内心的认同

赞美别人，一定是要发自内心的。它不能仅仅是口头的言语，还必须是精神上的认同。

所以，在赞美别人的时候，一定要表达出一种认可。比如，告诉对方，自己会向他学习，这样的话比一百句空洞的赞美都有效。因为对方从这句话里感受到的是一种真实的认同感。

组织班级活动

　　星期四中午，语文老师把语文科代表小顾叫到了办公室，给他布置了一项任务，那就是由他来组织下周一的古诗词知识竞赛。明天上课时，把竞赛的情况跟同学们说明一下。

　　星期五的语文课，小顾站到了讲台上。同学们都好奇地打量着他，他心里七上八下的，好紧张呀！

　　小顾应该怎样向同学们介绍这次活动呢？

表达难题

　　小顾要帮语文老师组织古诗词知识竞赛，他需要给同学们介绍这个活动的相关内容。如果表达不清楚，必然会影响活动的效果。

　　帮助老师组织活动是我们经常会遇到的事情。当我们在组织活动时，可能会遇到各种问题，需要和参与者进行沟通，这样能提高我们的思维敏捷度和表达力。

表达高手这样说

在组织班级活动时，一定要记住我们的主要任务是保证活动的顺利进行。

🔊 介绍活动方案

首先需要向参与者介绍活动方案，如果有人提出疑问，要耐心进行解答，但不能耽误过多时间。

适当开个小玩笑

如果我们在组织活动的时候，发现气氛没有想象中那么活跃，这个时候我们可以适当开个小玩笑，活跃一下气氛。

比如，说到活动的奖励时，可以说："没有获得名次的同学也有幸运奖，那就是珍贵的合影一张！"

这次古诗词知识竞赛的流程是……

最后，根据竞赛试卷的得分评定……

大家不要紧张，重在参与，都踊跃报名吧！让老师看到我们不一般的水平哦！

🔊 要求大家积极参与

营造轻松、积极的氛围，鼓励每个人都参与其中。

可以说明参与活动对大家有什么好处，比如增加社交能力、提升团队意识等。

如果响应者不多，可以先找出几名班干部，让班干部带头参与，发挥示范作用，从而带动其他成员积极参与。

向老师请教问题

数学课下课了，可是琳琳还有一道题没有弄明白。眼看老师正在收拾书本，准备离开教室，琳琳连忙拿起书，快步走过去，准备向老师请教。

"老师……"

老师抬起头，看到琳琳，便微笑着问："琳琳，你还有问题吗？"

琳琳应该怎样向老师请教问题呢？

表达难题

老师上课时已经把题目都讲过一遍，而且很多同学都已经明白了，可是琳琳还是没有听懂。她怕自己问出的话很幼稚，老师会看不起她；又怕说话不恰当，惹老师不高兴。

作为老师，我们很乐意解答学生遇到的所有问题，因为我们真心希望他们能获得进步。不过，会表达的学生，确实会让我们的心情更加愉悦。

表达高手这样说

虽然老师愿意帮助我们解答问题，但是如果我们说话不得体，也会在老师心中留下没有礼貌的印象。

🔊 询问老师此刻是否有时间

老师每天的教学任务都很繁忙，如果此刻没有空闲，可能会安排其他时间为我们讲解。

小提示！

不要说与问题无关的话

老师讲的题目我们没有听懂，有各种各样的原因，但是我们找老师请教问题，目的是解决问题。所以，对老师说"都是您讲得太快了""有人影响了我听课""我今天状态不太好"之类的话，都是没有必要的，只会耽误老师的时间。

老师，我有道题没明白，不知道您有没有时间……

这道题前面部分我都懂，但是这一步我不太明白……

我明白了，谢谢老师！

🔊 讲述问题要抓住关键

老师的时间非常宝贵，所以我们在请教问题时，要直截了当地把自己不懂的地方讲出来，以便让老师进行针对性的讲解。如果只是告诉老师自己全都没有听懂，这会让老师不知从何下手。

老师讲解时，一定要全神贯注地聆听，如果有疑问，也不要随便打断老师。

老师为我们解答完问题后，我们要向老师表示感谢。

向老师请假

星期天的晚上，妈妈交代小武："后天是你参加小提琴比赛的日子，你明天记得向班主任老师请个假。"

第二天，小武见到班主任老师后就走上前去，直接说道："老师，我明天不来上学了。"

"啊！怎么回事呢？"班主任老师大吃一惊，疑惑地看着小武。

"我明天要请一天假……"小武支支吾吾地说……

表达难题

小武根据妈妈的交代，去向班主任老师请假，但是由于表达不当，让老师不明所以。

小武应该怎样向老师请假呢？

小武告诉我说他明天不来上学了，我以为他家里出了什么大事，或者是他要转学，没想到他只是要请一天假而已。真是吓了我一跳！

在向老师请假时，一定要严肃、恭敬，因为我们是在请求老师批准，而不是单纯地告知。

🔊 说明请假理由和时间

告诉老师自己为什么要请假，以及要请假的时间。请假的理由要真实可信，不能编造谎言。

遵守请假制度

学校对于学生请假有相应的制度，我们一定要认真遵守。

如果是请短期假，一般口头向老师请假即可；如果是请长期假，一般会要求提交请假条；如果是请病假，还会要求附上相关的医嘱，或者事后补交。

老师，明天我要去参加小提琴比赛……

我想向您请一天假，后天我会按时来上学的。

至于明天的作业，我会请同学帮我带回去的。谢谢您！

🔊 说明对于产生后果的弥补

我们请假的时间要合理，应该尽可能不影响学习的进度。

如果请假时间长，不能到校，应该请同学帮忙把作业带回家，或者及时打电话向老师询问。在请假时，也可以把这些安排告诉老师，表明自己对学习的合理安排，请老师放心。

公共场合

　　在公共场合与人沟通交流，我们会面对更为广泛和多样化的对象，他们有着不同的性格特点、拥有不同的兴趣点和关注点，所以我们在表达时，需要更加注意语言的准确性和恰当性，以确保信息能够清晰、准确地传达给对方。

不要小看"打招呼"

一天下午，小昭和妈妈一起去公园游玩。当他们走到一片牡丹花田时，小昭突然看到了同学小伟。

小伟远远地冲着小昭挥手，可小昭却把头一低，装作没看到一样。

"那是你同学吗？你怎么不跟他打招呼？"妈妈好奇地问。

"是的，我不知道跟他说什么啊！我觉得很尴尬……"小昭挠了挠头，很无奈的样子。

表达难题

小昭在公园遇到了同学，在同学跟他招手的情况下，他因为害怕打招呼，不知道怎样与同学交流，最终把头低下，装作没看到的样子。

小昭应该怎样和同学打招呼呢？

我在公园看到了小昭，还冲着他挥手，可是他居然装作没有看到我。亏我在学校还拿他当朋友，想不到他这么看不起我。

在某个地方突然与熟悉的人相遇，出于礼貌，我们一定要和对方打招呼。

🔊 明知故问法

如果能看出对方的目的，可以明知故问，比如"你也来这里玩啊？""你也要去看电影吗？"

不要问太多问题

当我们在与熟悉的人打招呼时，一定不要过多地询问对方问题。比如，"你从哪里过来的？""你还要玩多久？""过一会儿你还要去哪里？"过多地问问题，会使对方产生误解，以为我们在窥探其隐私，从而令对方反感。

小伟，你好啊！你也来这个公园玩啊？

那边的金鱼可漂亮了，一会儿你可以去看看！

🔊 寒暄要适可而止

跟熟人打招呼后，可以适当寒暄几句。不过，时间不可太长，要不然会耽误双方的时间。

为了不使告别显得尴尬，可以随意说一个理由，比如"妈妈在叫我了""我回去还有点作业要做"。

最后，再根据对方的目的，说出一两句祝福的话，使对方感受到我们的善意。

妈妈说她还有事要做，我这就要走了！祝你玩得开心！

开场白这样说

星期天，妈妈带着朵朵在小区的广场上玩耍。

这时，朵朵看到有几个年龄跟她差不多的小女孩在玩丢沙包。她非常感兴趣，就站在旁边看着她们玩。

"你要不要去跟她们一起玩啊？"妈妈问朵朵。

"我想和她们一起玩，可我不知道怎么开口啊！"朵朵难为情地说。

表达难题

朵朵看到几个陌生的小女孩在玩丢沙包，她也很感兴趣，想加入一起玩。但是面对陌生人，她不知道怎么说开场白，才不会显得尴尬，还能让别人愉快地接纳她。

朵朵应该怎样说呢？

常用开场白

"你也是住在咱们这个小区的吗？"

"你穿的衣服真好看，是在哪里买的呀？"

"哇！你的足球踢得真好！是不是参加过训练啊？"

"你出了好多汗，需要纸巾吗？我这里有。"

表达高手这样说

所有的新伙伴都是从陌生人开始的，我们需要掌握一定的表达技巧，才不会使这种初识变得尴尬。

📢 找准合适的机会

先在旁边观察对方的情况，等对方需要帮助的时候，及时走上前去搭话或提供帮助。如果对方不需要帮助，可以从夸赞对方的某个物品引出话题。

哎呀，你摔伤了吗？

我扶你去旁边的椅子上坐下休息一会儿吧？

📢 引入合适的话题

根据当时的情况，分析对方感兴趣的话题，然后引入话题。

因为我们的开场白非常自然，所以对方一般都不会感到排斥。再加上聊起彼此感兴趣的话题，成为伙伴也就顺理成章了。

学会了结识新伙伴，我们的朋友圈子就会越来越大，也会拥有更多的快乐。

是吗？那你加入我们一起玩吧！

你们经常玩丢沙包吗？我在学校也经常和同学一起玩……

50 不小心冒犯到别人

星期天，爸爸带着轩轩去电影院，看一部轩轩期盼已久的动画片。

电影开始了，轩轩整个人都兴奋起来。他一边看，一边给爸爸讲解电影中的人物，生怕爸爸看不懂。突然，坐在前面的阿姨转过头来，生气地说："小声点吧，你影响到别人了。"

面对这位阿姨的指责，轩轩应该怎样说呢？

表达难题

轩轩和爸爸看电影时，轩轩想让爸爸了解剧中的人物，便给爸爸做起了介绍，但是他忘了旁边还有其他观众。虽然他不是故意的，但确实影响到了别人。

看电影时，后面的小孩一直大声地给他爸爸讲解，他的说话声太大了，我都听不清电影里的台词了，这让我的观影体验非常差。

避免冒犯他人

在公共场合，想要避免冒犯他人，我们需要时刻注意自己的言行。比如：

不大声说话；

不追跑打闹；

不直视他人；

拍照时，不要拍到他人；

与他人保持距离；

……

表达高手这样说

在公共场合，如果我们无意中冒犯到他人，应该说些什么呢?

🔊 道歉并解释

第一时间向对方道歉，然后适当做出解释，争取得到对方的谅解。如果不道歉，只是解释，会让人感觉是一种狡辩。

对不起，阿姨，我不该这么大声说话。

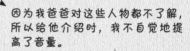

因为我爸爸对这些人物都不了解，所以给他介绍时，我不自觉地提高了音量。

🔊 提出解决方案

道歉并解释后，不能依然我行我素，那样必然会激化矛盾。这个时候，我们需要提出解决方案，也就是停止对对方的冒犯。只有这样，才能彻底平息这次事件。

我们还可以试着做一些事情来弥补对方，比如给对方送一份小礼物，或者为对方做一些事情。

接下来我不给他介绍了，咱们一起愉快地看电影吧!

51

向陌生人寻求帮助

正月十五晚上，妈妈拉着浩浩的手走进了庙会大门。突然，浩浩听见一阵敲锣打鼓的声音，跑过去一看，原来是在表演舞龙。

这时，妈妈的手机响了，她便放开浩浩的手站到路边打电话。

浩浩跟着舞龙队伍往前走去，过了一会儿，他才发现妈妈不在身边。

没有办法，浩浩只能向陌生人求助。他应该怎么说呢？

浩浩和妈妈一起去逛庙会，结果浩浩只顾着看表演，忘记了紧跟妈妈，导致自己走失。这个时候，他只能向陌生人求助。如果表达不当，就很难让陌生人相信自己并伸出援手。

在公共场合，因为迫不得已需要向陌生人求助时，一定要选择相对而言更加可靠的对象，比如警察或穿制服的工作人员。如果找不到，也可以向带孩子的阿姨、奶奶求助。

表达高手这样说

在向陌生人求助时，我们应该怎样说，获得帮助的概率才更大呢？

📢 注意求助的语气

如果用乞求的语气或命令的语气与陌生人说话，都是不恰当的。应该礼貌地打招呼，然后用请求的语气说出自己想要得到的帮助。

阿姨，您好，我不小心和妈妈走散了。

我能借用您的手机给妈妈打个电话吗？

📢 说明原因及求助内容

想要获得他人的帮助，必须说明自己为什么需要帮助，以打消对方的疑虑。

另外，我们还需要简洁清楚地说明自己求助的内容。比如，和家人走散了，就请求对方借手机打电话，而不是说："我和家人走散了，您帮帮我。"这样会让对方不知道该提供怎样的帮助。

52

一个人去购物

　　星期天下午，妈妈把一张 20 元的钞票交到天宇手上，然后说："天宇，你已经长大了，自己去小区旁边的书店买一本英语辅导书吧！"

　　天宇心里既兴奋又紧张，这是他第一次一个人去购物。他深吸了一口气，走出了家门。

　　来到书店，他发现英语辅导书有很多，看得眼花缭乱，不知道选哪一本才好。这时，他很想让店员帮自己推荐一本，他应该怎么说呢？

走进难题

天宇第一次独自去买书，心中非常忐忑。英语辅导书有很多种，天宇一时不知该如何选择。这时，他只能向店员询问并获得帮助。

　　随着我们年龄的增长，独自去购物将会变得更加频繁和习以为常。不知如何挑选商品时，我们可以与店员沟通。这些经历不仅锻炼了我们的能力，也会让我们更加自信地面对生活中的各种挑战。

识别推销话术

在购物时，有的店员经常会使用一些推销话术来吸引我们购买商品，比如"这是最后一件了""这个品牌比你想要的那个品牌好"等。这个时候，我们要理性分析，考虑自己的预算和需求，购买最适合自己的商品，避免盲目冲动购物。

表达高手这样说

在购物的过程中，想要获得店员的优质推荐，我们要学会正确表达自己的需求。

🔊 说清楚自己要买什么

我们必须明确地告诉店员自己要买什么商品，这样店员才能给出自己认为最好的推荐。

阿姨，我想买五年级下册的英语辅导书。

您可以帮我推荐一本适合的吗？

🔊 说清楚自己的情况

一般来说，我们购物时都是有一定限制的，比如买书，带的钱不足以任意选购，这个时候就要告诉店员并做出取舍。

有时候，店员给我们推荐的商品过多或者不是自己想要的，也要坚持自己的想法，不要被店员的话术左右。不过在拒绝时，我们也要注意礼貌用语。

这两本都挺好的，你可以全都买回去。

谢谢您！这两本都不错，但是我只有20元钱，所以我就选这一本吧！

53 报警时描述突发状况

这天下午，爸爸牵着安安的手过马路时，突然一辆白色轿车不顾红灯快速冲过来，将爸爸擦碰倒地。轿车扬长而去，爸爸倒在地上疼得满头大汗。

"快，安安……用我的手机……报警……"爸爸断断续续地说道。

安安连忙拿出爸爸的手机拨打了110。电话接通后，他就连忙说："快来人啊，我爸爸被车撞了……"

表达难题

安安拨打报警电话时，没有清楚地描述现场状况，这会延误警察和救护车到达现场的时间，也可能使爸爸得不到及时的救治。

安安报警时应该怎样说明情况呢？

遇到突发事件要报警的时候，一定要沉着冷静。如果因紧张而结结巴巴，或者哭哭啼啼，说不清楚情况，只会浪费宝贵的时间，耽误救援的及时性和有效性。

报警时，我们要克服心理紧张，向警察讲清楚现场的情况。

🔊 说明出了什么事情

打通报警电话后，直接告诉警察出了什么事情即可，比如"有车撞伤了人""有人被抢劫""有轿车起火了"等。

🔊 说明时间、地点和人物

向警察说明事件发生的时间、地点和需要帮助的人的情况，以便警察调动相关单位和人员，及时赶赴现场。

尤其是地点，一定要准确，如果不清楚所在位置的街道名称，就要说明附近有什么标志性的建筑物，比如有个高大的烟囱、有座蓝色大楼等。

向医生表达病情

这天，丽丽的嗓子不舒服，妈妈带她到医院看病。

等了很长时间，终于轮到丽丽了。妈妈带着她走进医生的办公室。

"小朋友，你哪里不舒服啊？"医生和蔼地问。

"我觉得自己感冒了，您给我开点药吧。"丽丽紧张地说。

听到这里，医生不由得愣住了。

表达难题

丽丽的回答让医生获取不到足够有用的信息。医生无法判断丽丽的病情，不能及时做出相应的诊断，这样只会耽误双方的时间。

丽丽应该怎么说呢？

病人在看病时，一定要把自己的所有情况都毫无保留地告诉医生，因为这些信息对疾病的诊断和治疗非常重要。要是见到医生就紧张，语无伦次，或答非所问，就需要提前调整心态，稳定情绪。

在与医生交流时，一定要针对医生的问题进行回答。

🔊 **回答问题要简洁、准确**

回答问题时语言要简洁，不要说太多与病情无关的事。另外，关于疼痛、咳嗽等症状的时间、频率等也要尽可能说准确。

小提示！

多使用正向语言沟通

当我们生病时，心情难免会烦躁，但一定要记住，在和医生对话时一定要多使用正向的语言，而不是抱怨或否定。即使是上次医生开的药吃后效果不明显，也不能抱怨医生，因为不是所有的疾病都能药到病除，只要向医生陈述事实即可。

咳嗽几天了？你哪里不舒服啊？

已经有两天了。我嗓子不舒服，很痒，总是咳嗽。

晚上比白天更严重。咳得厉害时，我感觉都要无法呼吸了。

🔊 **说出自己的真实感受**

对于疾病引起的身体感受，要详细地告诉医生。

比如对于疼痛的部位，要描述准确，是腹部上部疼，还是右下部疼，最好是指给医生看，因为不同部位的疼痛往往预示着不同的疾病。

还有疼痛的程度，也要讲清楚，是轻度疼痛还是中度疼痛，又或者是重度疼痛。说得越详细，越有利于医生诊断病情。

在游乐场被欺负

一个阳光明媚的下午，妈妈带着欢欢来到了她期待已久的游乐场。

在排队等待玩一个热门项目时，妈妈去买水离开了，欢欢被几个比她年纪稍大的孩子推搡到了队伍的最后面。接着，他们还故意踩欢欢的脚，又嘲笑她的穿着和发型，让她感到非常难过和无助，眼泪在眼眶里打转。

欢欢很想反抗，可是她却不知道该说什么……

表达难题

欢欢被人欺负了，但是她有点害怕，又不善于表达，所以只能自己默默忍受。面对欺负我们的人，忍让和示弱都是没有任何作用的。

欢欢应该怎样表达，才能使别人停止呢？

不管是在学校，还是在其他场所，我们在和别人一起玩耍时，总免不了有开玩笑和小打小闹的行为。不过，如果有人故意殴打我们、辱骂我们，这都属于欺凌行为，我们一定要勇敢反击或寻求帮助。

机智选择应对方式

我们被欺负时，如果与对方实力相当，就要明确警告对方，使其停止这种行为。

如果对方明显占有身体优势，或者人数众多，这个时候我们就要看准时机迅速离开。如果跑不掉，也要想办法拖延时间伺机呼救，记住：生命安全是第一位的。

表达高手这样说

当我们被人欺负时，不能一味忍让，这样只会助长对方的气焰。

指出对方的错误

义正词严地告诉对方，其行为是违法的。这个时候，对方就会知道我们有法律知识，会有所收敛。

你们这样欺负我，是一种违法行为！

如果不停止，我就马上叫妈妈过来。

告知对方要承受的后果

如果对方还不肯善罢甘休，就告诉对方我们要采取的行动，以及他们需要承担的后果。

很多人在欺负别人时，都认为这样做不会有什么后果，尤其被欺负的人表现得唯唯诺诺，更会让他们肆无忌惮。当我们明确指出他们要承受的后果时，他们必然会权衡利弊，及时收手。

到时候将会由双方家长来解决这件事情。你们准备好接受惩罚了吗？

发现自己的东西被人占用

一天下午，妈妈带着小台到公园里去玩。公园里有一个沙坑，很多人都在那里玩沙子，所以妈妈也给小台买了一个小铲子和一个小桶，让他去挖沙子玩。

小台兴高采烈地玩了一会儿，突然发现自己的小桶不见了。他找了一圈，发现原来是被另一个小男孩拿去提沙子了。

小台想要回自己的小桶，他应该怎样表达自己的态度，维护自己的权益呢？

表达难题

妈妈给小台买的小桶，却被别人占用了。小台想要回自己的小桶，又怕对方不是故意的，说话太直接会让对方尴尬。但如果对方是故意的，不直说又怕对方不归还。

属于我们的东西，在没有被告知的情况下被别人占用，我们要及时申明所有权，并将其索要回来，以免别人认为这是无主的东西，从而据为己有。

索取自己的东西，是行使正当权利，我们不必感到不好意思。

🔊 **委婉地询问**

有时候，对方只是无意占用我们的东西，所以我们应该先委婉地询问，向对方表明自己是这东西的主人，看对方是什么态度。

教你一招！

给自己的东西做标记

为了预防自己的东西丢失，或被别人占用甚至据为己有，我们有必要给自己的东西做上一个特殊标记，以便在有需要时作为证据。

常用的做标记方法有贴标签，在物品上刻特殊记号，用记号笔在物品上写字，在物品上绑扎丝带等。

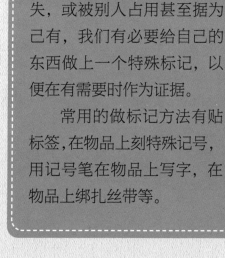

不好意思，这个小桶是我的。

是吗？可我是从那边捡的啊！

哦，对不起，我以为这是别人不要的。

这是我妈妈刚才给我买的，我妈妈手机上还有付款记录呢！

🔊 **据理力争**

如果对方态度不好，不承认东西是我们的，那我们就要态度强硬，并拿出相应的证据。

如果在自己申明所有权并拿出证据后，对方还不为所动，拒不归还，那我们就要寻求外部帮助，比如家长、老师、场所管理方等。

57 当别人影响到自己

星期天，妈妈带着鹏鹏去森林公园游玩。他们爬上一座小山，累得气喘吁吁，便来到山上的一个小亭子里休息，这时又有一名年轻男子走了进来。

过了一会儿，年轻男子把自己的鞋子脱了，顿时，小亭里弥漫着一种令人反胃的味道。

鹏鹏很想让这名男子把鞋穿上，他应该怎么说呢？

表达难题

鹏鹏对陌生男子的做法感到难以忍受。这个时候，鹏鹏想要制止男子的行为，又不引发冲突，就需要高超的表达力。

今天有空来爬山，本以为自己体力还不错，没想到爬一座并不高的小山，我的腿竟然又胀又疼。把鞋子脱了放松一下，真舒服啊！

当别人影响到我们时，如果无法避开，就要委婉地向对方指出，请对方改正自己的行为。

🔊 语气不要过于强硬

任何人都不喜欢被别人指责，所以委婉地提醒对方即可。对方如果有公德心，自然会做出改正。

叔叔，您可以把鞋子穿上吗？

这里的气味好像变得不太好了。

我们休息十分钟后就走，到时候您再脱掉吧！

对不起，我这就穿上。

教你一招！

主动报以微笑

微笑可以向人传达一种友善的态度，从而使沟通变得更加顺畅，所以经常被视作人际沟通的通行证。

虽然是对方影响了我们，但是如果我们仍然微笑着用委婉的语气与对方进行沟通，对方的接受度就会较高，成功的概率会远远大于单纯的指责。

🔊 适当进行协商

如果对方没有做出回应，也不要心急，不要发脾气，可以向对方说明理由，并适当进行协商，找到一个双方都能接受的方案。

如果对方始终态度恶劣，且有过激言行，我们最好选择避让，以免引发冲突，导致更加严重的后果。有必要的话，可以选择报警。

当别人存在意见分歧

这天下午，包包正在和妈妈逛街，突然身边的服装店门口传来了争论声。

一个小女孩说："我喜欢这条百褶裙。"

她的妈妈指着另一条裙子说："这条连衣裙的图案多好看啊！让这位小哥哥告诉你，到底哪条漂亮。"说完，她们就把目光转移到了包包脸上。

包包一时愣在那里，不知道该怎么说才好。

表达难题

包包遇到的这对母女在哪条裙子更漂亮的问题上产生了分歧。当她们向包包询问的时候，包包应该怎么说，才不会让任何一方不高兴呢？

当两方存在明确的意见分歧，需要我们进行评价时，如果我们直接表明态度，明确支持某一方，就会得罪另外一方；而如果闭口不言，又会显得迟钝，还可能会同时得罪两方。

表达高手这样说

当别人存在意见分歧时，我们作为第三方，说话必须有艺术性。

🔊 **让双方都有理**

找出分歧双方各自的优点，使各自都显得正确、有理，也就化解了分歧。

适当拐弯抹角

当我们和别人说话时，即使对方的话中有明显的错误，或者观点明显站不住脚，这个时候我们也不要直接正面进行反驳，可以适当委婉地引导对方去发现自己存在的问题，这样对方接受起来比较容易，也会使气氛比较和谐。

这条百褶裙看起来确实很时髦。

这条连衣裙的图案也非常有特色。

🔊 **为双方寻找共性**

如果我们能找出双方之间的共性，比如共同的优点或者共同的限制条件，这样可以从情感上增进双方之间的理解和信任，借此来化解对立，从而使双方都感到满意。

另外，在说话时要想两边都不得罪，需要注意语气、措辞和态度等方面，也要学会倾听，尊重和理解双方的观点和需求。

不过，哪一条更适合，可能你们还要参考学校是否有相关的要求。

文明"追星"

　　一天下午，妈妈带果果到本市最大的书店去参加一个签售会。在那里，果果见到了自己非常崇拜的一位男明星。于是，她买了一本这位明星写的图书，去排队等候签名。

　　排了很久的队，果果终于来到了明星的面前。

　　"听说你快要结婚了？"果果一脸好奇地问，完全忘记了签名的事。

　　突然被果果这样一问，男明星脸上露出了不悦的神色……

表达难题

　　果果好不容易站在了自己崇拜的明星面前，心里非常激动。她很想了解这位明星的最新动向，所以将自己的疑问直接问了出来，这显然是不合时宜的。

　　果果应该怎么说呢？

　　今天去书店参加签售会，没想到会遇到一个非常没有礼貌的小女孩。她竟然打听我的隐私，问我是不是要结婚了。

不做疯狂粉丝

现在，很多人都有自己喜欢的明星。作为一名粉丝，我们切记要保持理智，在"追星"过程中，始终保持独立思考，确保自己的言论、行为不会对自己或他人造成负面影响。也不要因为自己的喜好而贬低或攻击其他明星或粉丝群体。

虽然很多明星都非常随和，但是我们在与他们交流时，也要注意措辞，做到文明"追星"。

🔊 礼貌用语，合理要求

可以礼貌地向明星问好，并提出自己的合理要求，这样才能给对方留下一个好印象。

非常高兴能见到您。请您帮我签个名吧！

我还有个请求，能跟您合影吗？

新闻上说您最近在拍电影，非常辛苦，要多注意休息哦！

🔊 不打听对方的隐私

如果时间允许，可以和明星多聊几句，就用简短的语言表达自己对对方的崇拜和关心即可，不要做出疯狂的举动，或说不着边际的话。

切记，明星虽然是公众人物，但是也有自己的隐私，我们不能旁敲侧击或者直接询问对方的隐私问题，以免给对方带来困扰。

拒绝推销

在一个阳光明媚的午后，小燕正在小区的花园里散步，享受着宁静的时光。

这时，一个穿着整洁的推销员走了过来。"你好，小朋友，我这里有最新款的电话手表，给你做一下介绍吧。"说完，推销员就把一个电话手表递到小燕手上，开始滔滔不绝地讲解起来。

小燕对电话手表没有兴趣，她应该怎么拒绝推销员的推销呢？

表达难题

这真是一位非常敬业的推销员，同时也是一位不顾别人感受的推销员。不管小燕有没有兴趣，她就向小燕强行进行讲解。

小燕想要拒绝推销员，又不想让对方难堪，应该怎么说呢？

当推销员走到我们面前，热情地介绍他们的产品或服务时，如何礼貌地拒绝，是我们在生活中经常会遇到的情况。也许我们会对他们的推销感到十分厌烦，但是也要给予对方足够的尊重哦！

遇到推销员时，如果我们对其商品不感兴趣，一定要表示拒绝，以免耽误双方的时间。

礼貌地表明态度

可以先夸奖对方的商品确实不错，然后礼貌地向对方表明自己确实不需要这款商品。

对不起，虽然这款产品很好，但是我真的不需要。

再考虑一下吧，现在优惠力度非常大。

适当说明理由

一般来说，当我们拒绝时，推销员都不会轻易放弃。这个时候，我们可以适当向他们说明理由，比如"我已经有了类似的东西""我没有钱""我妈妈说要等我上大学了才给我买"之类的话，让推销员明白，继续向我们推销也只是浪费时间，不会有任何收获，他们自然就不会继续纠缠。

不好意思，我已经有了类似的产品，并且对它的功能非常满意。

哦，那打扰了。再见！

旅游时被强制消费

暑假期间，妈妈和小峰报了一个旅游团，想去外地走一走、看一看。

在旅行期间，导游把整个团的游客都带到了一家家纺工厂，要求大家踊跃购买家纺产品，还说消费达不到人均 1000 元就不能离开。

顿时，人群里议论纷纷。

小峰和妈妈都不想购物，他应该怎么和导游说呢？

表达难题

在旅游市场，有个别不良旅行社或导游，为了获得更高的利益，会故意把游客带到一些高消费场所，或带到商品价格虚高的商场，强迫大家购买。小峰和妈妈就遇到了这样的情况。

公司对我们这些导游都有业绩要求，我也没有办法，只能吓唬这些游客，让他们尽可能多买一些，这样才能保证我的收益。

当我们在旅游时遭遇强制消费，要积极与导游进行交涉，维护自己的合法权益。

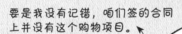 **礼貌地表达不满和困惑**

询问导游为何会有这样的消费要求，以及这是否符合旅游合同中的规定。

教你一招!

迫于压力可先消费

如果迫于导游或其他人员的压力，我们可以先行消费，以保证人身安全。

根据法律规定，我们有权在旅程结束后 30 日内，要求旅行社办理退货并先行垫付退货货款。切记：要保存好旅游合同、发票、购物凭证、景点门票及各种消费单据。

导游您好！我不太明白为什么有这样的消费要求。

要是我没有记错，咱们签的合同上并没有这个购物项目。

合同

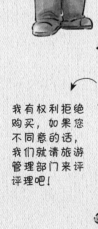

我有权利拒绝购买，如果您不同意的话，我们就请旅游管理部门来评评理吧！

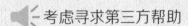 **考虑寻求第三方帮助**

作为游客，我们有权拒绝任何不合理的消费要求，包括导游推荐的额外景点、购物点或表演等。这是我们的正当权利。

如果与导游的交涉没有取得进展，我们可以考虑寻求第三方帮助。例如，向旅行社的客服部门投诉，或者向当地的旅游管理部门举报。

尊重民族风俗

暑假期间，妈妈带着小广去某地旅游。

一天，他们走进了一座小庙。顿时，一股淡淡的檀香气息扑面而来，让人心神宁静。望着面容慈祥的佛像，小广掏出手机就开始拍照。这时，一位僧人走了过来，对小广说："小朋友，不可以在庙里拍照哦！这是我们的规定。"

"这是封建迷信！"小广撇了撇嘴说。

走近难题

小广去外地旅游时，不知道旅游景点的规定，还指责对方说的话是封建迷信，这无疑会激化双方的矛盾。

小广应该怎么说呢？

今天有个男孩在庙里拍照。这样的情况每年都有很多，我也像往常一样对他进行提醒。没想到，他居然说我是封建迷信，真是太无礼了！

表达高手这样说

当我们去外地时，很可能在不知情时违反了旅游景点的规定。当被人指出来时，我们应该怎么说呢？

🔈诚恳地道歉

我们的行为会让对方感到不适，这时我们应该诚恳地道歉，请求对方原谅。

与当地人交流

在旅游时，尊重当地的风俗习惯是非常重要的。因此，我们每到一个新的地方时，都可以先与当地人进行交流，询问关于风俗习惯和文化礼仪的问题。一般来说，当地人都很乐意分享他们的文化和传统。切记：不要主观地评判当地风俗。

对不起，我不知道有这种规定。

我不是故意的，请原谅！

🔈立刻改正，许下承诺

立刻按照对方所说的，改正自己的行为，并且保证以后一定会继续遵守。

如果因此给对方造成了损失，要勇于承担责任，把事情的前因后果都告诉家长，由家长和对方协商赔偿问题。

如果对方提出过分要求，在必要时可以报警求助。

我现在就删除照片，以后也不会在庙里拍照了。

做一名志愿者

星期天，小度主动报名成为一家博物馆的现场服务志愿者。他戴着志愿者的身份牌，站到了博物馆大厅。

大厅里人来人往，熙熙攘攘。小度认真地环顾四周，寻找着可能需要帮助的游客。突然，小度看到一对母女站在一个角落，正伸长脖子四处张望着，看起来非常着急。小度连忙走过去，想要提供帮助。

表达难题

小度作为博物馆的现场服务志愿者，发现有人需要帮助时，应该主动走上前。这时，他需要说些什么，才能取得他人的信任，并成功提供帮助呢？

参加志愿者活动，可以使我们更多地参与社会活动，从而受到锻炼。同时，还可以了解不同的文化和行业，拓宽视野。当我们成功完成任务时，还能增强自己的自信心。

在担任志愿者时，我们应该在最短的时间内与陌生人建立信任关系并提供帮助。

🔊 表明自己的身份

首先告诉对方自己是一名志愿者，并展示相关的证件，让对方打消心中的疑虑。

礼貌语言不嫌多

作为志愿者，我们应多多使用礼貌语言，如以"您"尊称对方，以"请"字展示礼貌，以"谢谢"表达感激，以"对不起"表达歉意，以"麻烦您"展现尊重与谦和。这样不仅能让我们的服务更加周到和贴心，也能传递出我们内心的善良和温暖。

你们好，我是博物馆的志愿者。

请问你们需要帮助吗？

不着急，您慢慢说！

🔊 主动询问对方的需求

很多人遇到问题时，因为各方面的顾虑，并不会主动向志愿者寻求帮助。这时，我们一定要主动走上前去，用温和的语气询问对方，是不是需要帮助。

有时候，对方的表达并不是很准确，甚至由于心急，一时说不出话来。我们一定要耐心地安抚对方的情绪。